全国教育科学“十三五”规划2018年度课题“西部农村小学全科教师校地合作培养模式研究”（BHA180135）成果

小学全科教师校地合作培养成效研究

江净帆　吴　爽　田振华◎著

科学出版社

北京

内 容 简 介

教育高质量发展已是新时代我国基础教育发展的主题。办好基础教育，实现基础教育高质量发展，根本靠教师。小学全科教师培养是新时代教师队伍建设研究与实践的新兴领域，是新时代对新教育的新要求。

本书以小学全科教师为研究对象，以师德规范、教育情怀、学科素养、教学能力、班级指导、综合育人、反思能力、沟通合作为小学全科教师校地合作培养成效的分析要素，以调查法为基本方法，以 SPSS 20.0 和 Stata 15.0 统计软件为数据处理工具，对小学全科教师校地合作培养成效进行研究。

本书主要面对的群体是高校的教育研究者、实践者以及长期坚守教学一线的小学教师等，以期能为他们提供一些理论参考和经验借鉴。

图书在版编目（CIP）数据

小学全科教师校地合作培养成效研究 / 江净帆，吴爽，田振华著. —北京：科学出版社，2022.12

ISBN 978-7-03-074213-1

Ⅰ. ①小… Ⅱ. ①江… ②吴… ③田… Ⅲ. ①小学教师-师资培养-研究 Ⅳ. ①G625.1

中国版本图书馆 CIP 数据核字（2022）第 235659 号

责任编辑：朱丽娜 黄雪雯 / 责任校对：杨 然

责任印制：李 彤 / 封面设计：润一文化

科学出版社出版

北京东黄城根北街 16 号

邮政编码：100717

http:// www.sciencep.com

北京建宏印刷有限公司 印刷

科学出版社发行 各地新华书店经销

*

2022 年 12 月第 一 版 开本：720×1000 1/16

2022 年 12 月第一次印刷 印张：13 1/2

字数：259 000

定价：99.00 元

（如有印装质量问题，我社负责调换）

前　言

当前，随着我国进入新时代，教育也随之进入一个新的发展阶段，该阶段要求教育的高质量发展。基础教育作为教育发展的基础，其高质量发展的核心是师资队伍的高质量建设。近年来，小学全科教师人才培养研究成为我国基础教育及教师教育改革领域的新议题。

西方发达国家一般都要求小学教师具有多学科的知识结构并能进行跨学科教学。我国在解决乡村教师数量不足的问题时，从西方国家对小学教师的这一要求中得到启发，并在此基础上提出了“小学全科教师”的概念。从研究的视角看，小学全科教师的发展大致可以分为小学全科教师培养的自发自为阶段（1949—2005 年）、小学全科教师培养的上位觉醒阶段（2006—2013 年）以及小学全科教师培养的全面发展阶段（2014 年至今）三个阶段。具体而言，第一阶段是无概念、无理念、无实践阶段。这一阶段不是用高等教育的理念去引领小学全科教师的培养，而是我国小学教育阶段教师队伍的实际现状催生了全科教师的诞生和发展。第二阶段是有模糊概念、无明确理念、纯实践阶段。这一阶段高等师范院校启动了全科教师的培养，但并未形成有关全科教师培养的理论探讨和成果，是小学全科教师培养的上位觉醒阶段，此处的“上位觉醒”指的是上级教育管理部门初步认识到培养小学全科教师的迫切性。第三阶段是有较明确概念、有较清晰理念、有创新实践阶段。这一阶段从政策上，2014 年的《教育部关于实施卓越教师培养计划的意见》、2017 年的《教育部教师工作司关于中小学教师资格考试增加“心理健康教育”等学科的通知》、2018 年的教育部等五部门联合印发的《教师教育振兴行动计划（2018—2022 年）》为小学全科教师的培养提供了合法性依据；从理论上，2014 年起，有关小学全科教师的研究呈阶梯式上升趋势，中国知网上的相关文献由 2014 年的 19 篇飙升至 2021 年的 3460 多篇，《走向综合：小学全科教师培养的现状和未来》《小学全科教师人才培养研究》等著作也相继问世；从实践上，据不完全统计，截至 2020 年 12 月，我国 31 个省份已开展了农村定向小学全科教师的培养工作。[①]以上论述表明，小学全科教师培养工作逐步得到了认可。但与此同时，我们也应认识到，目前的研究与实践主要集中在对内涵的诠释、人才培养的践行方式等方面，以实证方法探究小学全科教师培养成效的研究明显不足。

同时，随着对小学全科教师认同度的持续提升，国家以及各个省份出台的关于全科教师培养的政策也逐渐增多，多个省份、城市、高校开始了探索培养小学全科教师的工作。在探索的过程中，遇到的最主要的困难是理论与实践的脱节，即一线缺少毕业能马上上岗的优秀教师，也就是说人才培养单位培养的全科教师理论知识到位，但到岗即上岗的能力不足，这就形成了需求与产出之间的矛盾，并且这一矛盾成为横亘在用人单位与人才培养单位之间的突出问题。为了解决这一矛盾，需要回到小学全科教师培养的“源头”去发现和寻找解决策略。我国小学全科教师的培养兴起于西部地区，起初主要是为了解决师资不足问题而实施的定向人才培养模式。在这种培养模式中，校地合作较为紧密，即学生在大学期间就与用人单位建立紧密联系，每年都抽出一定时间到未来定向就业的单位实习，

---

① 本数据来自第二届全国小学全科教师发展论坛。

这样有助于学生全面熟悉和适应岗位工作，提升岗位胜任力。

综上所述，为了从实证角度研究小学全科教师2012—2022年的培养成效，以江净帆教授为组长的课题组申报了全国教育科学“十三五”规划课题“西部农村小学全科教师校地合作培养模式研究”，希望结合理论思辨与实证研究，通过探索小学全科教师的培养成效对时代语境与现实需求做出适切性回应。本书以C校2015—2022年培养的小学全科教师为研究对象，以师德规范、教育情怀、学科素养、教学能力、班级指导、综合育人、反思能力、沟通合作等为小学全科教师校地合作培养成效的分析要素，以调查法为基本方法，以SPSS 20.0和Stata 15.0统计软件为数据处理工具，对小学全科教师校地合作培养成效进行研究，以期能为后来的研究者与实践者提供理论参考和经验借鉴。

本书在撰写过程中分工如下：由江净帆教授提出主要学术观点、研究框架并做最后审定，由重庆市“6—12岁儿童发展协同创新团队”以及C校“6—12岁儿童发展协同创新中心”成员江净帆、吴爽、田振华共同执笔，并对书稿进行了统整与校对。在充分尊重参与人员研究旨趣的基础上，经过多次讨论和修改，本书在主要内容和观点上达成一致。

小学全科教师作为新时代教师队伍建设的重要话题之一，其本身充满了丰富性、复杂性和多样性等特征，加之参与书稿撰写人员的研究范式、研究视角等都略有差异，研究时间紧张、研究者水平有限，本书不足之处在所难免，敬请读者予以批评指正！

目　　录

第一章

小学全科教师培养的演进、现状及走向研究

小学全科教师培养是近年来我国基础教育及教师教育改革的新兴领域。西方发达国家一般都要求小学教师具有多学科的知识结构并能进行跨学科教学，但并没有正式提出和使用“小学全科教师”这一概念。“小学全科教师”这一本土概念的提出，是因为我国存在着小学师资分科培养以及小学学科分工相对泾渭分明这一传统，其概念本身体现了甄别性与改革性。20 世纪末教师教育改革初见端倪，经 21 世纪前 10 年的孕育探索，至 2012 年，小学全科教师培养进入一个较快的发展时期，作为教师教育领域的一个新兴研究议题，追溯其历史发展，廓清其研究脉络，是推动我国教师教育发展的现实需要。

第一节　小学全科教师培养的历史追溯

全科教师以表征的方式出现比以研究的形式出现得要早。从研究的视角来看，以“小学全科教师”为主题词在中国知网中搜索，国内最早的论文是《小学低年段“全科包班”教育实验报告》（1992 年），该文对小学全科教师做出了介绍与说明，这也从侧面说明了我国小学全科教师早已有之，只不过对其的研究要稍晚一些。从该文中可以知道，早在 1989 年，杭州大学和卖鱼桥小学已基于教育理念的变革进行了“小学低年级包班教育实验”的自觉探索，希望通过支持型课堂氛围的形成，让学生在“玩”中学，并让学生成为学习的主人。[①]进入 20 世纪末 21 世纪初，基础教育课程改革进入活跃期。2001 年，《基础教育课程改革纲要（试行）》颁布并提出要改变“课程结构过于强调学科本位、科目过多和缺乏整合的现状……设置综合课程”，并提出“高中以分科课程为主”，“初中阶段设置分科与综合相结合的课程”，而小学阶段则应“以综合课程为主”。2012 年，《小学教师专业标准》要求小学教师“适应小学综合性教学的要求，了解多学科知识”。小学综合课程改革在我国逐渐展开，重庆谢家湾小学、北京亦庄实验小学、清华大学附属小学等相继进行了“融合课程”“全课程”“包班制”等探索，而浙江、上海、广东等地越来越多的学校也加入到了改革中。

从实践的视角来看，教育一线的改革实践催生了教师培养模式的创新，这是

① 杭大教育系卖鱼桥小学课题组. 小学低年段“全科包班”教育实验报告[J]. 教育研究与实验，1992（2）：63-69.

教师教育一次自下而上的改革。2012 年,《教育部 国家发展改革委 财政部关于深化教师教育改革的意见》提出“创新教师教育模式……完善小学和幼儿园教师全科培养模式”。2014 年,《教育部关于实施卓越教师培养计划》提出卓越小学教师的培养目标，是“针对小学教育的实际需求，重点探索小学全科教师培养模式”。次年，C 校就创办了以培养卓越小学全科教师为定位的“陶行知创新实验班”，南京师范大学、南京晓庄学院等也开始了“小综合”和“大综合”的小学师资培养模式改革。直至今日，小学全科教师无论是在理论上还是在实践上，都受到了应有的尊重，取得了相应的地位，并在我国乡村振兴过程中发挥了重要作用。

第二节　小学全科教师培养的研究现状

为全面梳理小学全科教师的研究现状，笔者以全科教师、小学全科、小学全科教师为关键词，在中国知网上分别检索到 1371 篇、1273 篇和 3275 篇文献（2021 年 10 月 15 日）。以文献分类学为基本的方法论，以文献分类法为具体的研究方法，整体概览检索到的文献，发现小学全科教师培养的研究大致可以分为自发自为阶段（1949—2005 年）、上位觉醒阶段（2006—2013 年）、全面发展阶段（2014 年至今），具体分析如下。

第一阶段是无概念、无理念、无实践培养阶段，即小学全科教师的自发自为阶段。这一阶段不是用高等教育的理念引领小学全科教师的培养，而是我国小学教育阶段教师队伍的实际现状催生了全科教师。这一阶段农村小学教师队伍面临的实际现状是：教师数量严重不足，难以支撑小学阶段教学的具体任务。为了完成教学任务，小学教师开展了多学科教学，即自己虽然教语文学科，但因为师资短缺，除了要完成语文教学任务外，还要兼任其他学科的教学，如数学、英语，甚至体育、美术等。因此，这一阶段小学全科教师的发展属于无概念、无理念、无实践阶段，是小学全科教师的萌芽阶段。

第二阶段是有模糊概念、无明确理念、纯实践阶段，即小学全科教师的上位觉醒阶段。2006 年开始，湖南省启动了为农村定向培养全科型小学教师的专项计划，被视为国内正式培养小学全科教师的实践开端。这一阶段虽然并没有清晰地提出小学全科教师的理念，只是以“全科型”来做说明，但高等师范院校启动了全科型教师的培养，表明上级教育管理部门已初步认识到小学全科教师培养的迫切性。

第三阶段是有较明确概念、有较清晰理念、有实践阶段，即小学全科教师的全面发展阶段。从政策层面看，2014 年，《教育部关于实施卓越教师培养计划的意见》提出卓越小学教师的培养目标是“针对小学教育的实际需求，重点探索小学全科教师培养模式”。2017 年，《教育部教师工作司关于中小学教师资格考试增加“心理健康教育”等学科的通知》再次明确，为确保教师资格考试改革试点工作顺利推进，满足师范生对相应学科教师资格认定的需求，自 2017 年下半年开始，各试点省份的中小学教师资格考试初中、高中、中职文化课类别增设心理健康教育、日语、俄语学科；小学类别面试增设心理健康教育、信息技术、小学全科学科。2018 年，教育部等五部门联合印发的《教师教育振兴行动计划（2018—2022 年）》提出“为乡村小学培养补充全科教师”。从理论层面看，2014 年起，研究小学全科教师的文章数量呈阶梯式上升态势，具体而言，2014 年之前，以小学全科教师为关键词在中国知网上进行检索，共搜到相关论文 19 篇；2020 年 1 月 5 日，再次以小学全科教师为关键词在中国知网上进行检索，共搜到相关论文 406 篇。除此之外，有研究全科教师的专著问世，如《走向综合：小学全科教师培养的现状和未来》（重庆出版社，2015 年）、《小学全科教师人才培养研究》（科学出版社，2019 年）。小学全科教师的理念得到了认可与拓展，为小学全科教师的培养奠定了坚实基础。从实践层面看，据不完全统计，截至 2019 年 12 月，我国 31 个省份已开展农村定向小学全科教师的培养工作。

第三节　小学全科教师培养的未来走向

小学教育是教育教学的起步阶段，是儿童的启蒙教育。从美国、法国和英国的教师教育发展、教师教育的课程设置以及培养现状来看，对儿童实施全科型教学，不仅有助于全面提高儿童在智力、思维等方面的发展，而且有助于防止割裂性评价的出现。目前，德国、日本、瑞士等国家对小学教师的培养实施全科制度，德国在其教育文件中就提到，“当今的科学发展和现实生活要求中小学进行综合教学，但师范生缺少这方面的训练，因此要注意对师范生进行跨学科教学能力的培养”[①]。

现代社会倡导现代教学观，现代教学观是时代发展的需求，师生之间是教学相长的，现代教学要依托现代教育技术，并以其为方法层面的指导，这深刻地反映了时代变革带来教育变革，教育变革又带来教师教育的变革。教师教育要变革，就需要教育研究者和实践者开阔视野，放眼全球，去寻找变革的路径与方法，去追逐变革的思路与构想。亚里士多德曾经提到：“只有首先被统治，你才能成为统治者。”[②]变革也是如此，任何变革，必然从自身而起，须知破而后立。

孩童是讨论教育问题的一个自然起点，与成年人相比，良好的习惯和原则更容易在孩童身上得到贯彻。因此，我们不能忽视这一事实，即受到不完善教育的公民大概率会导致未来公民也受到不完善的教育。有鉴于此，我们有必要为孩子提供全面而完善的教育，小学全科教师就是一种选择。相对于发达国家而言，我们国家的小学全科教师的培养起步较晚，可向小学全科教师培养起步较早、发展较成熟的西方国家学习，以对我国培养小学全科教师形成一定的启示，促进我国教师教育的发展和教师队伍素质的不断提高。

世界处于从知识授予型向知识创造型转换的重要变革时期，各国都在积极地推进面向 21 世纪的教育改革，而教育改革成败的关键在于教师队伍质量。发达国家在这个过程中，把教师教育的发展看作重中之重，从教师的培养、任用、进修等各个阶段有连贯性地进行优化。

德国政府从 1999 年开始发起教育论坛，对德国教育体制进行了广泛讨论，主要围绕五个议题：未来教育的质量标准、确保机会均等、国际水平的质量、终身学习、新的教学文化。这种讨论，有助于促进小学师资的培养，以及德国小学教育设施的完善和教师教育的均衡化。日本在 2000 年召开了为期一周的第九届世界教育大会。在这次会议上，众多专家学者经过反复研究和讨论，最终达成了一个共识：最终决定教育改革成败的因素是教师素质。进入 21 世纪，世界教育改革趋势没有特别明显的变化，均朝同一个方向或者同一个趋势发展，就是重视基础教育，即中小学教育。

发达国家的一个共同特点是重视教师教育的一体化和专业化。在过去的教师教育发展进程中，各国把提高中小学教师素质和能力的重点放在职前培养教育上，

① Ruhr-Universität Bochum. Personal-und Vorlesungsverzeichnis, Wintersemester 1982/1983.

② Aristotle. The Politics of Aristotle. London:Oxford University Press, 1971: 105.

认为经过一次正规性训练就可以培养出适合时代需求的教师。随着世界经济的快速发展，基础教育越来越受到关注。发达国家投入了巨大的人力、物力，来促进小学教师教育的发展研究。小学是学生教育的起步和萌芽阶段，是学生初次接触和学习新鲜事物的阶段，其重要性不言而喻。为了使小学生全面、综合地发展，发达国家认为小学教师应该是全科教师，应该能够胜任小学的基本基础课程。

此外，发达国家都重视以学校为中心的教师进修，注重解决教师教学中遇到的实际问题，中小学在教师进修活动中的作用越来越明显。最近几年，大量的移民子女对美国的教育系统产生了很大的影响，中小学的组成越来越多元化，导致美国不得不考虑在中小学教师培训中增设有关多元文化教育的相关课程，以使用更加科学、合理的课程体系来反映美国整个社会的知识体系，这就给本身要跨学科教学的教师提出了更高的要求，他们不仅要跨学科教学，而且要在教学的过程中结合主体民族以及少数民族孩子的不同学习方式的特点施教。

教育改革最重要的课题是提高基础教育质量，而师资队伍质量是基础教育质量能否提高的关键。英国在 1995 年首次公布了新的全国中小学统一教育课程①，旨在精选中小学相关教育内容，有重点地增加教师的教学时间，把数学、英语、理科（三门核心基础学科）和历史、地理、技术、音乐、艺术、体育以及现代外国语作为全国共同教育课程，并且实施与全国共同教育课程相应的全国性考试。这样做就是为了培养全面的教师，提高教师的全科能力和实践能力，从而促进学生的全面发展。

在我国，小学全科教师是基础教育教师发展的重要方向。过去我们在培养教师的过程中有缺憾和不足，其中重要的一个方面是理论与实践的脱节，教师实践能力不足。为了弥补这一不足，校地合作培养成为小学全科教师走向未来的重要路径之一，也是解决教师培养过程中理论与实践相脱节的重要举措之一。何为校地合作培养？其基本的理论基础是什么？在探索的过程中形成了哪些实践经验？其基本理论框架是什么？接下来的第二、三章将回答这些问题。

---

① 杨落娃，于伟. 英国新一轮课程改革的特征分析[J]. 社会科学战线，2019（12）：250-254.

第二章

小学全科教师校地合作培养的理论创新与实践经验研究

小学全科教师培养，是解决农村地区师资数量不足和增强整个基础教育领域师资力量的重要路径，但横亘在教师发展中的理论与实践相脱节的问题长期存在。基于此，解决这一问题成为教师教育领域的重要研究话题，经过实践的验证，校地合作培养作为跨越理论与实践的一条重要路径，成为提升小学全科教师能力的重要方法之一。

第一节　小学全科教师校地合作培养的内涵特征

何为校地合作培养？其基本内涵是什么？有哪些内在特征？在本书中，校地合作培养指的是师范学校为了提升师范生的培养质量，和一线中小学合作，在合适的时间将在校师范生送到一线中小学进行教育教学实践工作。一方面，帮助学生提前进入教师角色，提高实践能力和实践水平；另一方面，帮助学生和一线学校之间相互熟悉，以帮助双方在之后的工作中能尽快相互适应，从而更好地提升工作效率。基于此，校地合作培养具有互利性、协同性、发展性、创新性等系列特征。所谓互利性，指的是校地合作培养不仅有助于师范生提升自身的实践能力、技术能力和专业水平，而且有助于一线中小学解决面临的师资紧缺问题，更重要的是，高校作为一个载体，能够连通一线教师和师范生，这个过程也可以帮助高校教师了解一线教师在实际工作中遇到的教育教学问题。所谓协同性，指的是高等师范院校教师、一线中小学以及师范生三者共同协作，在教育教学领域就教学问题展开探索与研究，从而实现共同发展、共同进步，进而在发展过程中实现其发展性。

第二节　小学全科教师校地合作培养的意义与价值

当前，我国教育正处于深化改革的关键期，教育发展必须寻求多方整合的教育资源，突破改革瓶颈，实现教育质量的整体提升。校地合作培养的目的在于瞄准我国教育领域的重大战略需求，汇聚教育创新要素，建立合作创新机制，聚焦相关重大问题，实现相关领域理论与实践的重大突破，并成为相关领域的教育科学研究中心、人才培养改革中心、产学研转化中心。

教育领域协同创新需求要求重视校地合作。2015 年，《教育部 发展改革委 财政部关于引导部分地方普通本科高校向应用型转变的指导意见》提出了“加快融入区域经济社会发展。建立合作关系，使转型高校更好地与当地创新要素资源对接，与经济开发区、产业聚集区创新发展对接，与行业企业人才培养和技术创新需求对接。积极争取地方政府、行业企业支持，通过建设协同创新中心、工业研究院、创新创业基地等载体和科研、医疗、文化、体育等基础设施共建共享，形成高校和区域经济社会联动发展格局。围绕中国制造 2025、‘一带一路’、京津冀协同发展、长江经济带建设、区域特色优势产业转型升级、社会建设和基本公共服务等重大战略，加快建立人才培养、科技服务、技术创新、万众创业的一体化发展机制”。这为实现校地合作提供了较好的契机。校地合作，既是师范院校服务区域发展的重要载体，也是实现自身创新发展的必由路径。因为教育本身既是影响国家建立创新体系的重要因素之一，又是一门理论与实践高度融合的社会科学，包括学科理论、人才培养及科学研究等各个方面，都需要与行业紧密结合，从而可以帮助师范院校解决“搞明白教育的核心问题”“走出一条具有中国特色的办学之路”“建立一个创新性高、实践能力强的培养体系”“明确自身的办学模式”等一系列改革中的重大问题。近几年，随着教育改革的不断深入，师范院校正在加快突破自身办学壁垒，探索整合创新资源，并取得一定成效。例如，部分高校分别构建了 UGIS [university（高校）、government（政府）、institution（科研机构）、school（中小学）] 和 UGSS [university（高校）、government（政府）、school（城市优质中小学）、school（乡村薄弱中小学）] 校地合作模式，其中湖南第一师范学院、东北师范大学、安徽师范大学等相继建立了校地合作的有效模式。重庆市作为中西部重要的战略城市，目前校地合作模式尚在发展过程中，这在一定程度上滞后于重庆市教育急需创新性区域发展的迫切需求。

儿童的发展要求建立校地合作模式。儿童是自然的存在，也是文化的存在；儿童阶段是人生成长的奠基阶段，也是思想发展的启蒙阶段；儿童素质的提高直接关涉国民素质的提高。从国际范围来看，西方发达国家普遍重视儿童发展的资源开发，政府、企业以及高校间大多建立了相关合作模式，重点支持儿童相关领域的优先发展，同时也注重校地合作模式的创新发展，深入研究儿童发展的阶段性特征等。从国内来看，随着我国经济的不断发展，我国正在从人口大国走向人力资源强国，儿童发展的问题日益引起了社会各界的广泛关注。《中国儿童发展纲要（2011—2020年）》提出，“儿童时期是人生发展的关键时期。为儿童提供必要的生存、发展、受保护和参与的机会和条件，最大限度地满足儿童的发展需要，开发、发挥儿童潜能，将为儿童一生的发展奠定重要基础……贯彻落实科学发展观，将为儿童健康成长创造更加有利的社会环境……将为促进人的全面发展，提高中华民族整体素质奠定更加坚实的基础”。虽然研究者和实践者均认为，教育应遵循人的身心发展规律，在人的不同发展阶段完成不同的发展任务，但实际上，我国现有的教育体制仍然缺乏对人成长不同阶段、不同教育任务的明晰定位，出现了儿童教育过早知识化、学科化、片面化等问题。同时，我国目前的儿童教育往往更关注学校教育而相对忽略了家庭教育、社会教育，从多维度为儿童构建的有利于其整体发展的育人生态还比较薄弱，儿童所享受到的教育资源，如儿童阅读、儿童游戏、儿童艺术作品等均比较少。因此，建立校地合作模式，汇集师范院校、小学等各方资源，提升儿童教育发展研究及相关资源开发的专业化水平，秉持以全景视角、全人理念促进儿童全面发展的育人理念，从学校教育、家庭教育及社会教育等多维度、整体性地聚焦儿童发展，开发儿童学习、阅读、心理、体适能、艺术、科学、礼仪等各方面的教育资源，实现儿童教育发展的重大理论与实践突破，对提升我国儿童教育质量以至儿童发展水平，具有积极、重要的现实意义。

区域教育发展要求建立校地合作模式。重庆市作为我国最年轻的直辖市，在西部乃至全国发展中的战略地位正在不断提升。为与重庆市的快速发展相适应，《中共重庆市委 重庆市人民政府关于加快教育改革与发展的决定》提出，重庆市教育改革与发展的目标和任务是在21世纪前20年，努力把重庆建设成为长江上游的教育中心和西部教育高地。从重庆市的教育实践来看，虽然近几年取得了快速发展，但与东部地区相比，仍存在创新性、前沿性不足的情况。同时，重庆市的二元城市结构较为突出，城市教育在快速发展的同时，如何推动农村教育的发展，实现城乡教育均衡是一个急需破解的难题。要推动农村教育的发展，师资是重要因素，小学全科教师的培养有助于助力农村教育的发展，而要培养优秀的农村教育师资，校地合作模式的优化是重要途径。校地合作模式有利于实现高校内部师生协同以及高校、科研机构之间跨单位、跨学科的协同，最终通过高校、地方政府与基地学校的协同创新来转化相关成果，推动重庆市14个区县教育的均衡发展。[①]

---

① 数据来自C校实习调研报告。

第三节　小学全科教师校地合作培养的理论基础

从根本上讲，校地合作一方面是一种多方协同的结果，另一方面是一种利益博弈的结果。因此，校地合作的理论基础包括协同论和博弈论。

协同论，亦称协同学或协和学，是研究不同事物共同特征及其协同机理的新兴学科，是近十几年来获得发展并被广泛应用的综合性学科。它着重探讨各种系统从无序变为有序的相似性。协同论的创始人哈肯把这个学科称为“协同学”，一方面，是因为它所研究的对象是许多子系统的联合作用，产生宏观上的结构和功能调整；另一方面，是因为它由许多不同的学科组合而成，形成了自组织系统的一般性原理。客观世界存在着各种各样的系统，社会的或自然的、有生命的或无生命的、宏观的或微观的等，这些看起来完全不同的系统，都具有深刻的相似性。[①]协同论则是在研究事物从旧结构转变为新结构的机理的共同规律上形成和发展的，它的主要特点是通过类比，对从无序到有序的现象建立一整套数学模型和处理方案，并推广到其他领域。它基于很多子系统的合作、受相同原理支配，但与子系统特性无关，设想在跨学科领域内，考察协同主体类似性以探求其规律。哈肯在阐述协同论时讲道：“我们现在好像在大山脚下从不同的两边挖一条隧道，这个大山至今把不同的学科分隔开，尤其是把‘软’科学和‘硬’科学分隔开。”[②]基于以上分析，所谓校地合作模式的构建，其实就是通过整合师范院校、师范生、一线小学等多方力量，将它们发展的无序状态通过重新构建建立一种新的发展秩序，这种新的发展秩序有助于将师范院校、师范生、一线小学等各种力量重新排序，建立起一种最优化的整合力量，这种力量无论是从单维度视角还是从多维度视角来看，都处于最优状态，有助于助推校地合作的最优化发展和校地合作模式的最优化实践。

所谓博弈论，又称为对策论、赛局理论等，既是现代数学的一个新分支，也是运筹学的一个重要学科。博弈论主要研究公式化了的激励结构间的相互作用，是研究具有斗争或竞争性质现象的数学理论和方法。博弈论考虑游戏中的个体的预测行为和实际行为，并研究他们的优化策略。生物学家使用博弈论来理解和预

① 刘迅.“新三论”介绍——二、协同理论及其意义[J]. 经济理论与经济管理，1986（4）：75-76.
② H. 哈肯. 协同学导论[M]. 张纪岳，郭治安译. 江仁寿校. 成都：成都科技大学出版社，1981：232.

测进化论的某些结果。[①]一般认为，博弈主要可以分为合作博弈和非合作博弈，两者的区别在于相互发生作用的当事人之间有没有一个具有约束力的协议。如果有，就是合作博弈；如果没有，就是非合作博弈。依据行为的时间序列性，博弈论又可以分为静态博弈、动态博弈两类。静态博弈是指在博弈中，参与人同时选择或虽非同时选择但后行动者并不知道先行动者采取了什么具体行动；动态博弈是指在博弈中，参与人的行动有先后顺序，且后行动者能够观察到先行动者所选择的行动。通俗地理解，“囚徒困境”就是同时决策的，属于静态博弈；而棋牌类游戏等是有先后次序的，属于动态博弈。在校地合作模式的构建中，双方是通过不断切磋、磨合、取舍和权衡，最终达成共识和合作的，属于动态博弈。通过权衡达成的校地合作有助于使双方利益最大化，即对于师范院校来说，为师范生实习找到了出口，并能在这个过程中发现教学一线的真问题，有助于教育研究水平的提升。对于师范生来说，可以提前适应岗位，提升其实践水平及实践能力。对于一线小学来说，有助于解决其面临的师资短缺问题，提前和师范生相互磨合，更有助于从师范院校借鉴理论研究成果来指导实践，从而促进教学水平的进一步提升。

第四节　小学全科教师校地合作培养的实践经验[②]

基于以上对校地合作培养内涵的解读、特征的明晰以及理论基础的分析，校地合作培养无论是从理论上讲还是从实践上讲，都对师范生的发展有重要作用。但目前学界关于校地合作培养的理论研究较多，而实践经验总结方面的研究较匮乏。基于此，本节以C校与重庆市綦江区人民政府建立的教师教育创新实验区（简称实验区）为例，来总结校地合作培养的宝贵经验，以期为以后小学全科教师的校地合作培养提供经验支持。

实验区自2013年成立以来，按照问题导向、突出重点、整体设计、有效实验的总体思路，紧紧围绕教师教育职前职后一体化创新体制的构建，根据三年一小

① 朱·弗登博格，让·梯若尔. 博弈论[M]. 黄涛，郭凯，龚鹏，等译. 北京：中国人民大学出版社，2010：35.

② 本节提到的数据，没有特殊说明的均出自重庆市教师教育创新实验区结题材料报告。

周期、六年一大周期的进程安排，认真推进相关建设工作。其中，围绕教师教育职前职后一体化创新体制的重点领域，实验区探索了基地共建、师资共建、课程共建、资源共享、学分互认等“5 个行动计划”，构建了小学教育（全科方向）专业四年一贯递进式校外实践教学体系，生成了高校与地方合作培养基础教育人才新模式的集体智慧，得到了上级主管部门和社会各界的广泛关注与肯定，《光明日报》《中国教育学刊》《中国教师报》等均给予了专门报道，国内多家高校、小学，以及美国教育同行到实验区考察并交流了相关经验。

一、校地合作共建经验：提升小学全科教师人才培养质量

2013 年，实验区紧紧围绕职前职后一体化建设这一核心任务，以“5 个行动计划”为载体，深入探索高校与地方政府合作培养人才的新路径。

一是实现基地共建。在基地共建中，C 校在綦江区小学陆续建立了 20 所基地校，建立“綦江课改模式”，形成优质教育资源，为学生校外实践教学提供支持的同时，积极助推綦江区建立 20 所专业发展学校。2013 年以来，实验区已在綦江区建立了南州小学、文龙小学、实验一小、进修校附小等一批基地校，并以基地校为平台，建立了小学教育（全科教师）专业学生见习、助教、试做、顶岗四年一贯递进式校外实践教学体系，即学生每年到基地校工作 2 周，在一线教师的全程指导下，参与实践教学。第一年是见习，即看指导教师怎么做；第二年是助教，即帮着指导教师做一做；第三年是试做，即试着自己做一做；第四年是顶岗，即自己独立做一做。截至 2016 年 6 月底，共有学生 1236 人次在基地校参与实践教学。实践教学包括学前动员、学中反思、学后总结等活动。在组织实践教学时，基地校积极统筹协调，精心安排学生食宿，选派负责任的指导教师，并认真明晰见习目标，细化指导方案，保障了实践教学成效。学生在实践中初步体验了小学管理和教学工作的特点，明确了小学教师的素质结构与岗位能力要求，为四年的大学学习规划和未来的专业发展奠定了良好的基础。通过周期性运行，实验区进一步完善了学生实践体系。一方面，完善了校外见习、助教、试做、顶岗四年一贯递进式校外实践教学体系，确保学生校外教育实践不少于 1 学期；另一方面，分段设置校内实践环节，并与实验区校外实践实现有效联动。到 2016 年，已全面实现四年全程综合技能与教学技能分段式训练与测试。

二是实现师资共建。实验区探索了高校与地方政府双向互聘、岗位互换、协同创新的教师发展新机制。在领导互派任职的基础上，互聘教育发展顾问，参与綦江

区教育综合改革等一系列重要决策及咨询活动，并与各基地校进行对接，开展对教师专业发展的指导。同时，一部分一线学校的管理人员被聘为市级人文社会科学基地统筹城乡教师教育研究中心的兼职研究人员，推进校地协同研究，师范院校聘请小学教育专业建设委员会顾问以及小学教育专业学科指导教师和实践教学指导教师，对小学教育（全科教师）专业学生的学科教学和岗位实践能力提升进行科学指导；同时，聘请綦江区教育行政管理人员、研究人员及一线教师进入师范学院“名师讲堂”，为师范生解读当前的基础教育改革热点问题、教师的专业发展问题以及小学班级管理、听课与评课的技巧等，有效引导了师范生的专业发展。

三是实现课程共建。师范院校开放办学，培养教育行业所需要的高技能人才是我国教师教育的重要改革趋势。为提升C校小学教育专业学生的教师岗位能力，实验区充分整合高校理论研究与地方一线实践智慧的优势，组成课程开发团队，以市级人文社会科学基地统筹城乡教师教育研究中心专项课题及綦江教师进修学校委托课题的形式联合开发小学教育（全科教师）专业实践课程、情景性课程及区域性校本课程、培训课程。

四是实现资源共享。C校、綦江区教育委员会（简称綦江区教委）通过互相开放网络、图书馆及其他教育资源，促进双方的合作共建。

五是实现学分互认。C校、綦江区教委通过学分银行、见习指导等载体互认学分。目前，C校小学教育（全科教师）专业学生的基地实习成绩已全交给綦江区基地校教师进行登载。

二、校地合作联动经验：打造教师职后立体培训体系

实验区整合C校及綦江区教师进修学校、綦江区部分中小学理论学者与实践师资，组成教师职后培训创新体系建设团队，并予以专项经费保障，以全面打造教师职后立体培训体系。

一是理顺培训层级，构建培训体系。实验区通过理顺教师培训层级，构建了教师职后立体培训体系。具体做法是：遴选优秀教师，建立包含38个学科、1000名教师的国培市培备选库，从而解决工学矛盾，保证参训人员质量。区培全覆盖，采用顶岗置换研修方式开展10天80学时的全员培训，每次调训同一学科约50人，轮训全区近8000名教师。截至2020年，已培训教师4000名。校本研修重实效，通过推行主题研修，实行项目管理，实施校本研修培训券制度，实现跨校选课研修。自我研修扬特长，设置学术交流、技能竞赛、论文发表、课题研究四

大板块课程，制定评价标准，专家组认定成果，将认定结果折算成学分计入学分银行。

二是强化工作举措，确保培训成效。首先，设置培训项目开发组。按照培训需求分析、方案设计、资源开发、活动实施、项目评估的程序，分学段、分科、分类设置了 32 个培训项目开发组，负责研制培训课程、评价、培训师建设等体系。其次，开发课程资源。按照先学自训、因学施训、返校跟训三阶段，以教、研、训为一体，分层、分科、分岗、分类开发课程资源。计划开展全员 80 学时集中培训，包括新教师入岗前一月、入职前一年，班主任专项培训，村小全科教师，师范院校小学全科教师教学实践等 300 门课程，其中实践性课程不少于 60%。再次，打造区内培训师队伍。“好教师就是好培训师”，遴选 250 名骨干教师和教研员组成培训师队伍，开展教师培训基本原理、培训课程资源、培训开发技能、培训效能评估、培训管理等方面的专业培训。培训师队伍实行学员评价、专家考核、动态管理、逐步优化等方式。最后，优化教学方式。丰富教学形态，如专家讲座、现场考察、教学实践、小组分享等，并在教学中采用探究式、启发式、参与式、互动式、情境式等多种教学方式。

三是实施校地联合，探索教师教育新路径。首先是建立体系。綦江区人民政府与 C 校签署战略合作协议，共建实验区，实施“5 个行动计划”，构建教师职前培养、职后培训一体化体系。其次是开发教育资源。建成了 10 所职前教师培养实践基地校，建立了由 100 多名骨干教师组成的师范生教学实践导师队伍，指导师范生完成见习、助教、试做、顶岗四环节教学实践。截至 2021 年，共 1236 人次完成了见习和助教的教学实践，各基地指导教师在指导学生成长的过程中也进行了自我反思，得到了自我成长。再次是学分互认。初步完成了教师职前培养、职后培训学分认证理论研究，建立了职前、职后一体化的学分认证、转换和运用机制，建成了共享信息的学分银行平台。最后是互派干部。地方和高校主管教师培训工作的领导互派挂职，建立协作沟通机制，定期交流信息，研判培训成效，对教师专业发展起到了较好的推动作用。

四是设立学分银行，创新培训考核模式。首先是开发信息平台。该平台集教师信息管理、培训项目管理、培训课程管理、教育资源管理、网络培训学校和学分银行于一体，做到了信息共享、资源共用，实现了学分管理的全网络化。学分银行设置教师个人账户、所在单位账户、培训机构账户和公众查询账户四个端口，具有存储、兑换、借贷和支付功能，并能自动生成学年度学分券。其次是开展学分认证。国培、市培根据培训机构返回的结果认证学分。区培按学时、出勤、作业、练习、学习表现、考核、考试等综合认证学分。校本研修按学校申报、专家评审、继续教育中心充值等程序认证学分。自我研修成果按个人申报、学校初审、专家评定、系统认证认证学分。学年度根据学分高低按优、良、合格、不合格认定教师继续教育等级。与 2020 年相比，获得“优”的人数由 4%提高到 20%，不合格人数由 68 人下降到 15 人。最后是强化结果运用。认证结果与教师资格定期注册、教师学年度考核、评职评优、调动交流挂钩，并被纳入学年度学校绩效考核和办学水平评估。

基于此，C 校专业教师与綦江区优秀师资组成的小学全科教师（在岗）培训课程开发团队，针对重庆市部分乡镇以下小学办学规模小、师资短缺的现状，有针对性地开发了特色培训项目，启动了綦江区农村小学全科教师专项培训。培训内容包括三项：一是小学全科教学理念和目标的诠释；二是小学全科教学与综合实践活动资源的开发与利用；三是小学全科教师的教学方法改进与评价。培训宗旨是培养学员多科教学的知识和技能以及善于连通不同学科知识并能统整于综合课程的能力，树立全科教学的理念。培训模式采用教育专家、学科教研员和资深一线教师联合授课的方式，结合专家讲座、案例分析、工作研讨、校本教研、跟岗指导等多种培训形式，既注重理论知识的教学，也注重一线教学经验的传授，还注重学员的参与。

三、校地合作共建经验：探索全科教师订单式培养

实验区以 C 校和綦江区定向培养小学全科教师为载体，探索全科教师订单式人才培养模式改革。一是 C 校与綦江区教委共同制订人才培养方案。依据社会发展趋势、行业发展动态和一线教师素质结构需求变化，尤其是綦江区小学提出的人才培养需求，尝试构建更为灵活、开放和多元的人才培养模式。二是充分利用基地学校的物质资源和智力资源。积极引进一线教师参与实践性课程资源开发和师范生技能测试体系构建，以提升小学全科教师人才培养的岗位适应性。三是构建双向对接体系。实现四个方面的双向对接：①理论教学与实践教学的对接，在高校课堂教学中，体现为强化基础教育一线所需要的专业技能；②实训教学与专业岗位技能的对接，专业岗位需要的技能在实训教学中得到充分训练；③人才培养与学校用人需求的对接，将学生大学四年的学业和综合素质表现作为綦江区进行人员安置的重要依据；④学生角色与教师角色的对接，让学生提前进入教师角色，熟悉小学的文化环境和教学管理方式，增加学生到基地学校见习和实习的次数。2015 年，实验区对定向綦江区的 50 名小学教育

（全科教师）专业学生实行了双导师制，提前引入高校专业教师与基础教育一线教师对学生进行四年全程的指导。

四、校地合作共建经验：探索师生互惠的教师教育新路径

一是双师型教师挂职锻炼助推实验区特色项目的推进。根据学校转型发展和双师型教师队伍建设要求，C校派出教师教育学院办公室主任杨州于2014年8月在綦江区教委办公室进行挂职锻炼，体验了地方教育行政部门的运行程序与规范，进一步拓展了教育管理视野，积累了行政管理经验。同时，C校派出国家级武术和田径双料裁判、教师教育学院教师李科于2015年7月至8月在綦江区中医院进行了为期一个半月的挂职锻炼。在挂职期间，李科老师发挥自身专业特长，牵头并指导綦江区中医院根据自身特色成立了重庆市綦江区中医院健身气功站点并于当年11月成功报备国家体育总局，使綦江成为重庆市唯一一个拥有2个市级以上健身气功站点的区县。李科老师长期担任站点辅导员，每周五下午4：00—5：30对綦江区中医院、綦江区卫生系统、乡镇卫生院人员进行八段锦、五禽戏、易筋经、六字诀等健身气功培训，累计培训400余人次，受益群众达千余人，赢得社会各界的良好反响。

二是大学生志愿者暑期社会实践——关爱实验区留守儿童。学校除积极完善四年一贯递进式校外实践教学体系之外，还打通了小学教育（全科教师）专业学生深入实验区实践的新渠道。2015年7月起，教师教育学院连续两年派出共计30名小学教育（全科教师）专业学生利用暑假进行“三下乡”社会实践，赴綦江区边远山区永新镇罗家村对留守儿童开展义务支教活动。支教团志愿者结合罗家村梨花山的实际，为当地60余名4—15岁儿童和青少年量身打造了“七彩童年”融合课堂暑期培训班，进行儿童礼仪、儿童韵律操、乡土绘画、诗歌朗诵、小品表演、团队辅导、素质拓展等培训，以及语文、数学、外语（简称语数外）学业辅导，并开展了趣味运动会、文艺汇演、电影沙龙、乡村嘉年华等丰富多彩、喜闻乐见的活动，深受当地村委会、学生家长等的高度好评，《重庆日报》、《重庆青年报》、共青团重庆市委官方微博、《綦江日报》、綦江电视台等多家新闻媒体进行了报道。同时，志愿者深入綦江区规划展览馆、綦江博物馆、綦江农民版画院以及罗家村生态养殖种养基地，进一步了解綦江当地的历史文化、民风民俗、生产一线情况，进行了乡土教育资源的调研和开发，拓宽了实验区育人渠道，增强了实验区的建设成效。

五、校地合作共建特色：实验区的机制创新

实验区自2013年试点以来，取得了显著成效。2015年，实验区协同模式被推广至重庆市的13个区县，初步构建起了C校与重庆市基础教育领域协同发展的联盟格局。实验区的主要创新特色有以下几点。

一是校地联动机制创新。经过三年的不懈努力与协同创新，实验区建立健全了校地合作联动机制，以及定期联席工作制、定期工作通报制、实验区项目负责制、项目评估制等，从而切实保障了实验区各方面的顺畅运行，取得了丰硕成果，为高师院校师范生人才培养模式改革、綦江区基础教育课程改革、双方师资建设作出了积极贡献。二是干部互任机制创新。高校与地方合作的难点往往在于合作流于形式、难以深入。为破解这一难题，C校与綦江区人民政府探索建立了干部岗位互换的协同机制，如綦江区教委副主任和C校教师教育学院副院长互换岗位，干部实行双岗履职，换位介入对方工作，相互引入教育资源，促进校地共同发展。同时，綦江区人民政府聘请C校的邹渝、万明春担任其教育发展顾问，参与綦江区教育综合改革的实施过程，有力地支持了校地高层联动机制的运行，为实验区深入协同提供了组织保障。三是师资互聘机制创新。为融聚高校理论研究与地方实践智慧，C校与綦江区各基地校探索了师资双向互聘机制。C校的11名专业教师被聘为綦江区各小学的教育发展顾问，指导各校进行专业发展。同时，綦江区教育行政管理人员、研究人员及一线教师共30余人，进入C校担任名师讲堂、技能测试等课程的教学工作，并兼任部分领域的研究人员，全程参与C校小学师资培养的论证、实施和评价。此外，綦江区15名一线优秀教师被聘为小学教育专业学科指导教师和实践教学指导教师。师资互聘有力地促进了校地双方师资的知识、能力结构的整体优化。四是基地共建机制创新。实验区探索了基地联动机制。至2016年，实验区及13个拓展区县共建立了137个基地校。基地校承载了师范生培养的见习、助教、试做、顶岗工作，同时C校也为小学教育专业学生提供了专业发展咨询服务，并为各基地校提供了校园文化建设、儿童礼仪、轮滑、跳绳、游戏等特色项目。基地校成为校地双方合作共赢的有效载体。五是人才培养共育成效。2013年以来，C校以基地校为平台，建立了小学教育（全科教师）专业学生见习、助教、试做、顶岗四年一贯递进式校外实践教学体系，打破了师范生一次性集中实习的实践教学模式。截至2016年底，共有1236人次在基地校进行递进式实习。同时，学校依托各基地单位完成了50门小学教师情景性课程资源的录制（覆盖1—6年级的各个学科），收集一线小学教育、教学的各类教育案例170余个。以上资源为提升学校人才培养质量起到了积极的促进作用。

第五节　小学全科教师校地合作培养的理论创新

小学全科教师校地合作培养的实质是重视实践教学。实践教学是高校课程体系的重要组成部分，是学生尝试分析和解决实际问题、进行技能训练的重要途径。几十年来，由于经费投入、基地保障、管理成本等种种原因，传统的实践教学一般为一次性的，集中安排在毕业前的最后一学期进行，这种形式的实践教学节约成本，便于管理，并取得了一定的成效。但与此同时，这种形式的实践教学呈现出割裂性的弊病，不能很好地解决理论与实践相脱节的问题。基于此，C 校在校地合作过程中创新性地构建了四年一贯递进式实践教学体系，尝试为师范生的实践教学提供一种改进思路。

一、小学全科教师校地合作培养的实质及其背景

小学全科教师校地合作培养的实质是重视实践教学。首先，政策推动高校重视实践教学。国家持续制定并颁布相关指导意见，推动高校强化实践教学体系。1998 年，教育部印发的《关于深化教学改革，培养适应 21 世纪需要的高质量人才的意见》指出，“在理论与实践的关系上，树立理论联系实际，强化实践教学的思想”。2001 年，教育部在《关于加强高等学校本科教学工作 提高教学质量的若干意见》中明确提出：“实践教学对于提高学生的综合素质、培养学生的创新精神与实践能力具有特殊作用。高等学校要重视本科教学的实验环节……文科学生要按专业要求参加必要的社会实践……打破学科壁垒，加强统筹建设和科学管理，实现资源共享，提高使用效率。要建立和完善校内外实习基地，高度重视毕业实习，提高毕业设计、毕业论文的质量。”2010 年，《国家中长期教育改革和发展规划纲要（2010—2020 年）》提出：创新人才培养模式，坚持教育教学与生产劳动、社会实践相结合。就教育领域而言，需要不断强化实践教学环节，着力培养学生的学习能力、实践能力、创新能力。2011 年，《教育部关于大力推进教师教育课程改革的意见》明确指出：“坚持育人为本、实践取向、终身学习的理念……创新教师培养模式……着力培养师范生的社会责任感、创新精神和实践能力……教育实践课程不少于一个学期。”2016 年，《教育部关于加强师范生教育实践的意见》提出，

构建全方位的教育实践内容体系，丰富创新教育实践的形式，组织开展规范化的教育实习等系列实践教学意见。以上政策，为实践教学体系的建构与建设创造了必要条件，进一步强化了实践教学体系建设的必要性。

其次，师范生的岗位能力发展要求重视实践教学。《教师教育振兴行动计划（2018—2022年）》指出要“发挥师范院校主体作用，加强教师教育体系建设。加大对师范院校的支持力度，不断优化教师教育布局结构，基本形成以国家教师教育基地为引领、师范院校为主体、高水平综合大学参与、教师发展机构为纽带、优质中小学为实践基地的开放、协同、联动的现代教师教育体系”。当前，我国小学师资的学历水平已完成了从以中师、专科为主到以本科为主的转变，但其岗位实践能力与创新能力不足的问题仍比较突出。同时，“教师教育领域历来存在‘学术性’与‘师范性’之争。‘学术性’强调学科知识以及科研能力的学术水平，它更关注‘教什么’的问题，注重发展师范生的学术能力；‘师范性’强调在教育思想以及教师素养、技能等方面所应具有的专业水平，认为这是教师教育区别于其他专业教育的特殊性，它更关注‘怎么教’的问题，注重发展师范生作为未来教师的专业能力”①。因此，岗位实践能力是师范生从业的主要能力，也是师范院校凸显办学特色的主要领域，具有较强的实践性、创新性、发展性和可塑性。

传统教育师资培养往往更加注重知识体系的逻辑性与知识传授，因此高校办学往往局限于“自话自说”的壁垒，缺乏与行业的密切联系与互动。高校的理论研究优势也无法转变为服务地方教育发展的动力，地方的教育实践智慧也无法转变为人才培养的资源。面对高等教育、基础教育的快速发展和不断出现的新问题，提高教师的岗位胜任力成为解决基础教育领域新问题的重要抓手，但就目前来看，师范院校对教师的岗位胜任力，尤其是新任教师的实践能力和创新能力仍然缺乏足够的研究与回应。因此，在人才培养的过程中，必须重新建构师范院校培养师范生的实践教学体系。

最后，师范生缺失实践机会要求学校重视实践教学。纵观教师教育发展史，实践教学是其变革转型过程中长期存在的一大“痛点”。有研究者在总结近年来我国师范教育实践教学的发展后认为，当前“师范教育实践教学体系的‘后遗症’逐渐凸显，基础教育界对高等师范院校实践教学体系的怨怼越来越深……职前教育重学科专业知识轻师范教育技能的现象长期存在、职后教育重经验模仿轻教学智慧反思的做法比比皆是、职前职后忽视师范生研究意识和能力培养的问题长期存在、高师院校在认识实践教学重要性的观念上未达统一等”②。具体来讲，传统

---

① 江净帆. 小学全科教师培养要解决哪三个问题[J]. 课程•教材•教法，2017（7）：100-105.

② 田振华. 近十年来我国师范教育实践教学体系的批判与超越[J]. 当代教育科学，2017（7）：24-27.

的实践教学基于基地建设的难度、经费投入的瓶颈和管理成本的考虑等因素，往往采用毕业前一次性实践的模式，虽然这种模式取得了一定成效，但是也存在理论与实践无法交互，实习时间不合理，学生无法提前进入教学场域感知情境中的实际教学、无法提前发现问题再进行改进，实践性知识无法实现连续性发展等具体问题。基于此类问题的普遍性存在，教师教育在不断变革的过程中的要点之一便是重新建构教师教育课程新体系，尝试解决师范生实践教学难以落实的相关问题，以此来应对当前世界教师教育发展新格局。

基于以上背景，为了有效解决师范院校在人才培养过程中所出现的相关问题，提升师范生的实践能力，有效地回应教育部等相关文件的要求，在经过 5 年时间的研究、思考与实践，C 校创新性地提出并构建了师范生四年一贯递进式实践教学体系。那么，什么是四年一贯递进式实践教学体系，其具体的内涵是什么，又该如何实施？下文将逐一回答这些问题。

二、校地合作背景下的实践教学体系的构建

四年一贯递进式实践教学体系是基于师范生岗位能力发展的课程体系的要素之一，是基于师范生专业发展的实践性体系。杜威认为，“经验的连续性和相互作用共同促进人的生长”①。在职前教育过程中，要保证师范生实践教学及实践经验的连续性，并基于这一连续性促进师范生的专业发展。要厘清四年一贯递进式实践教学体系的内涵及其内在联系，须首先明了实践、实践教学及实践教学体系的内涵及关系。

人类对实践的认识始于人类社会的发端。纵观人类社会发展史，从杜威、波兰尼到伽达默尔，不同的研究者对实践的认识各有不同，但从整体性和共生性②上来看，“所有的人类实践都是目的性实践、对象性实践、制度性实践、技术性实践、文化性实践、历史性实践”③等的集合体，是以知识为基础的。

基于以上对实践的认识，参照类属学的范畴，实践教学是实践在教育范畴的具体表征和现实体现，是“以教师为指导，以学生为主体，学生处于主动参与的地位，通过高智力投入、创造性的实践活动以及有目的的现场体验，理解知识、发展技能、提升能力”④。这种教师学生同参与、共互动、同体验、共提升的发展

---

① 杜威教育名篇[M]. 赵祥麟，王承绪编译. 北京：教育科学出版社，2006：247-258.

② 实践的整体性和共生性特征在四年一贯递进式实践教学体系内涵研究中有具体的体现和呈现。

③ 石中英. 知识转型与教育改革[M]. 北京：教育科学出版社，2001：3-5.

④ 时伟. 论大学实践教学体系[J]. 高等教育研究，2013（7）：61-64.

样态，是教师教育课程的精髓部分。从实践到实践教学，反映了知识的迁移性特征，实践教学是缄默知识和经验知识整合而成的共同体，是处于一定的联系之中的。列宁曾说："真理只是在它们的总和以及在它们的关系中才会实现。"[①]实践教学体系是系列因素整体互动的结果，是技能、调查、科研、实习、手段、环境、保障等要素共同作用、相互补充形成的。从横向上讲，实践教学体系由校外实践教学体系和校内实践教学体系两大模块构成，具有实践性、社会性、稳定性、可塑性等特征。

根据上文对实践一般性和共时性特征的概括，所谓四年一贯递进式实践教学体系，其实质是基于教育的一种目的性实践、对象性实践、制度性实践、技术性实践、文化性实践和历史性实践。目的性实践，是指实践具有明确的目的指向性，即为提高师范生的岗位实践能力及相关技能而进行的实践教学；对象性实践，是指实践具有明确的对象性，即未来从事教师职业的师范生；制度性实践，是指实践具有明确的制度规范；技术性实践，是指实践具有比较明确的技术技能要求，如某些技术应该如何操作、某些技能应该达到什么程度等；文化性实践，是指文化是实践教学的积淀和支撑，是实践教学的逻辑起点；历史性实践，是指实践教学模式、方法是以前人实践的经验总结为基础的，本质上是一种基于实践的实践。

具体而言，四年一贯递进式实践教学体系包括校内实践教学[②]和校外实践教学。所谓校内实践教学，是指从新生进校第一年起就实行晨读晨练制，并坚持进行 5 项全科技能的常规训练；同时，开设名师讲堂课程，邀请一线教育管理者和优秀教师举办实践性知识讲座。所谓校外实践教学，是指四年一贯递进式的校外实践，即改变师范生毕业一次性实习的模式，新生进校始即每年到小学基地校进行为期 2 周的体验式课程学习，全程驻校生活，接受基地校一线教师的教学指导。截至 2018 年，C 校第一届师范生已全程经历了四个阶段的校外实践，深入体验了小学学校管理和教学工作的特点，收到了良好的效果。

三、校地合作背景下实践教学体系的实践

四年一贯递进式实践教学体系是提高师范生岗位胜任力的路径之一，是培养未来教师岗位实践能力的必要举措。因此，其具体实施便显得尤为重要。

---

① 列宁全集·第八卷[M]. 中共中央马克思恩格斯列宁斯大林著作编译局编译. 北京：人民出版社，1986：208.

② 由于篇幅原因，本书对校内实践教学只做宏观介绍，具体研究模型和实施框架将另撰文阐释，此书不做具体描述。

（一）实施主体

教学实践的本质和发展经验告诉我们：“教学实践是教学理论产生的源泉，从教学实践到教学理论必须经由现象描述—概括—类推—理论等不同阶段，因此，由教学理论到教学实践也应经历不同的技术环节。”①四年一贯递进式实践教学体系经过研究者近年的理论思考和实践探索而逐步成型。为了实施实践教学体系，师范院校打破了人才培养中“自话自说”的壁垒，建立了开放办学的人才培养平台。以重庆市为例，C 校与重庆市 37 个区县、小学、企业建立了合作关系，构建了高校、地方、行业“三位一体”的协同创新机制，并以开放办学平台为依托，在提升人才培养质量及服务地方教育发展方面取得了双赢成效。同时，C 校建立了市级实验区，在推进高校与地方深度融合、实践四年一贯递进式实践教学体系方面取得了良好的试点效果，高校、地方政府、一线小学等均参与了实践教学，因此成为实践教学体系实施的主体。

（二）实施内容

实施内容是实践教学具体落实的关键因素。四年一贯递进式实践教学体系的实施内容是否具体、清晰、到位，决定了实践教学能否提升师范生的岗位实践能力，其具体实施目标及内容如下。

1. 见习

见习安排在大学的第一年，主要是看指导教师怎么做，见习的时间为 2 个星期。见习的目标是：了解学校的基本情况以及教师的工作职责，观察和分析教育管理理念，促进理论与实践的融合，对自身作为教师的优势和不足形成初步认识和评价，确立之后的努力方向并增强对教师专业及教师职业的认同度。见习阶段的内容包括教学见习、班队工作见习、问题式见习。教学见习，即深入课堂听不同学科、不同年级的课，了解教学常规、教学文件、课堂管理、学生特点等内容；班队工作见习，即了解班队工作职责，以及班级常规管理、活动组织、品行培养、安全教育、应急处理、家访沟通、文化氛围营造等工作；问题式见习，即围绕学校教育教学工作，结合自己的认识提出问题，明确教育教学中的常见问题。

2. 助教

助教安排在大学的第二年，主要是帮着指导教师做一做，助教的时间为 2 个星期。助教的目标是：学生通过担任助教，熟悉学校教育工作的流程与规范，协

① 李定仁，徐继存. 教学论研究二十年（1979—1999）[M]. 北京：人民教育出版社，2001：494.

助指导教师进行课堂管理、课外辅导、作业批改等工作，通过活动组织、个别谈话、家校沟通等途径，初步熟悉小学班主任的工作及其规范，进一步明确学习和发展要求，针对自身实际确定专业发展方向。助教阶段的内容包括教学助教、班队工作助教、问题式助教、学业监测助教。教学助教要求学生了解并熟悉各个学科老师管理课堂、组织课堂活动的流程及技巧，掌握批改作业、辅导学生的技巧和方法；班队工作助教要求学生了解班队工作的开展流程、课内外偶发事件的处理技巧、家校沟通的基本技巧以及与学生谈话的方式方法；问题式助教要求学生掌握教育教学技能，学会处理教学过程中遇到的问题，了解学校教育教学偶发事件的处理技巧并完成助教报告；学业监测助教要求学生通过剖析教学目标和学生学情，编制一份数学/语文的单元测试题，并将所学教育测量的量表编制方法运用到实际教学测量中，锻炼测量技能。

3. 试做

试做安排在大学的第三年，主要是试着自己做一做，试做的时间为 2 个星期。试做阶段的目标是：能够在指导教师的指导下，根据课程标准和学生实际独立进行教学设计，独立进行课堂教学和组织管理，并能够根据小学生的生理和心理特征策划和组织适合其身心发展的班队活动，初步具备独立从事课堂教学和班队管理的能力，为顶岗奠定基础。试做阶段的内容包括观摩课堂教学和班级管理活动、课堂试教、班主任工作试做。观摩课堂教学和班级管理活动是指观摩所要试教班级班主任主持的教育、辅导活动，了解课堂教学进度和学生实际；课堂试教是指在指导教师的帮助下，撰写教案并上课；班主任工作试做是指在指导教师的指导下，了解班主任工作的内容和方法，担任一定的班主任日常工作，能够独立组织和辅导班级、小组或团队活动，能够主持主题班会、深入调查了解特殊的学生情况，写出个案调查报告并有针对性地做好教育工作。

4. 顶岗

顶岗安排在大学的第四年，主要是能够自己独立做，时间为一整个学期（17 个星期或者 18 个星期）。顶岗的目标是：学生到一线教学单位直接参与教学过程，在此过程中，综合运用所学的专业知识和技能，独立完成一定的教学任务，并进一步获得感性认识，掌握教学技能，学习班级管理技巧，养成正确的教师职业道德及职业操守观。顶岗“是衔接师范生学科知识和教学实践的重要环节，也是师范生实现身份转换和认同的必经途径”[①]。因此，顶岗不仅是对前三个实习阶段的继承，也是在前三个阶段基础上的进一步完善，更是对前三个阶段实习成果的进

① 袁丽，陈林.“顶岗实习”教师培养的政策分析及其争议[J]. 教师教育研究，2014（6）：46，61-68.

一步巩固，还是对前三个实习阶段实习成果的进一步统整，其内容涵盖了前面三个阶段的所有实习内容，具有整体性、全面性、总结性、发展性等特征。总之，四年一贯递进式实践教学体系的构建与实践在一定程度上，是推动师范院校落实实践教学的重要路径，是提高师范生岗位胜任能力的重要路径，是推进我国教师教育课程改革的重要举措。

（三）实施特点

四年一贯递进式实践教学体系打破了师范生毕业前一次性集中实习的惯例，实现了师范生理论学习与实践体验的交互发展，提高了师范生的实践教学效能，以及岗位理解力与适应力，具有全程性、交互性、螺旋性等特点。

1. 全程性

知识的迁移性要求实践教学具有全程性和连续性。心理学家赫尔认为，“没有强化，学习是不可能发生的，训练有机体学习的目的就是使之形成习惯并达到一定的强度。学习进行的基本条件就是在强化情况下刺激与反应的联结”①。四年一贯递进式实践教学强调实践性知识习得的连续性，通过四年全程性贯通实践，保证在不断强化的基础上实现刺激与反应的联结，促进实践教学的纵深发展。建构主义者认为，“认识者只有在依靠自己的经验建构真实或者是在解释真实的过程中，才能在心中拥有较多的真实”②。无独有偶，苏霍姆林斯基也提出，“为了使学生学会自觉地把概括的东西运用于生活实践，必须让他们独立地、持续地搜集大量的事实，思考这些事实，并对它们进行系统整理、对比和分析……通过持续性地搜集和加工，学生就走上了自我进行智育的道路”③。四年一贯递进式实践教学体系打破了师范生毕业前一次性集中实习的惯例，将实习实践贯通于大学四年学习的全过程，师范生从一年级就进入实践教学场域，开始了解未来所从事职业的实际场景，经历了解、熟悉、试做、得心应手这一过程，不断思考、分析、整理和改进，从而提升岗位胜任力，进而走上自我进行智育的道路。

2. 交互性

四年一贯递进式实践教学实现了师范生在校期间理论学习与实践学习的交互体验，是一种交互性学习过程。有研究者提出，“教学交互是学习过程中，以学习者对学习内容产生正确意义建构为目的，学习者与学习环境之间相互交流与相互

---

① 岑国桢. 赫尔学习理论初探[J]. 上海师范大学学报（哲学社会科学版），1994（1）：133-138.

② 朱晓斌. 从结构主义到后结构主义：学习理论的嬗变[J]. 外国教育研究，2000（4）：1-5.

③ B.A. 苏霍姆林斯基. 给教师的建议[M]. 杜殿坤编译. 武汉：长江文艺出版社，2014：49.

作用”[①]。四年一贯递进式实践教学是一种特殊且典型的教学交互，是理论与实践、个人与环境、个人与他人的交互，这种交互具有持续性、相互性、修正性等特征，是师范生实践性知识习得的重要途径。也有研究者指出，“教学理论与实践的结合……是一个永远没有完结的过程。因为实践不断发展变化，而理论也在不断地更新进步。只有把二者协调起来，像人们用两条腿走路那样，才能使教育教学质量一步步地提高”[②]。在传统的教师教育模式下，一般是学生先集中在学校学习理论知识，快要毕业的时候到实习单位进行一次性实践教学。在这种实践模式下，理论是理论，实践是实践，两者之间是相互割裂的，没有相关性及交互性。然而，在四年一贯递进式实践教学体系下，学生从入学第一年到第四年不断地在理论学习与实践体验之间进行交互，不但能充分理解教育教学知识，还能发现本身存在的问题，从而进行及时的改进和修正，进而实现理论与实践的相互关照。这种实践模式打破了长期以来的理论与实践“两张皮”的困局，促进了理论与实践的相互融合。基于此，四年一贯递进式实践教学是认知、教学、情感与学习者之间的交互，是概念、信息、操作与学习者之间的交互，实现了知识与经验的深入渗透。

3. 螺旋性

四年一贯递进式实践教学是一种创造性实践，打破了重复性实践[③]的“魔咒”，面对复杂的实践对象，通过不断调适实践方法，来保证师范生实践性知识的螺旋式发展，持续性积淀。著名心理学家布鲁纳曾言道：“如果将个体的成长视为通过表征世界的多种途径而获得的解放——通过相互矛盾从而创造困境以刺激成长的多种途径，我们可以做得更好。”[④]这就是布鲁纳提出“回归理论”的源起，主张在几年内，随着人的思想发展的复杂性水平的不断变化，从而发展性地学习同一学科。基于此，四年一贯递进式实践教学的设计理念是：在四年的教学实践过程中，随着理论知识量的递增，师范生的认识水平发生质的深化，自我认识的复杂性程度不断增强，在此过程中，师范生不断地、反复地、发展性地、递增性地对教师教学过程中所遇到的相关问题进行持续地学习，以达到实践水平的持续提升，实现四年一贯式实践。

---

① 陈丽. 术语“教学交互”的本质及其相关概念的辨析[J]. 中国远程教育，2004（3）：12-16，78-79.

② 李秉德. 教学理论与教学实践“两张皮”现象剖析[J]. 教育研究，1997（7）：32-33.

③ 重复性实践是一个与创造性实践相对应的概念，指在一定时期内，人类实践的深度、广度和结果大体保持在同一水平，依据大体相同的目的和实践程序，周而复始地重复生产着相同的结果，以满足层次相同活动的需求。

④ 徐文彬，王爱菊. 布鲁纳的课程理论：从美妙理想回归现实生活[J]. 西北师大学报（社会科学版），2005（5）：51-54.

第三章

C 校小学全科教师校地合作培养现状的调查准备

基于以上分析，结合《普通高等学校师范类专业认证实施办法（暂行）》对师范生毕业时知识能力素质达到的标准要求，以师德规范、教育情怀、学科素养、教学能力、班级指导、综合育人、反思能力、沟通合作作为小学全科教师校地合作培养现状的分析视角，以问卷调查法为基本方法，以 SPSS 20.0 和 Stata 15.0 统计软件为数据处理工具，对 C 校小学全科教师四年一贯递进式实践教学校地合作培养模式的成效进行调查。

第一节　调查目的和调查对象

一、调查目的

为全面了解 C 校小学全科教师四年一贯递进式实践教学校地合作培养模式的成效，我们对两个不同群体进行了问卷调查。一方面，我们运用“2017 届小学教育（全科教师）专业毕业生用人单位满意度调查问卷”（简称“用人单位问卷”）（附录 1），了解 C 校小学教育（全科教师）专业毕业生所在用人单位对其教师职业素养（包括师德规范、教育情怀、学科素养、教学能力、班级指导、综合育人、反思能力、沟通合作）的满意度水平；另一方面，运用“2017 届小学教育（全科教师）专业毕业生职业素养自评问卷”（简称“毕业生问卷”）（附录 2），了解该校小学教育（全科教师）专业毕业生对自身职业素养的自我认知和评价。期望通过四年一贯递进式实践教学校地合作培养模式的直接受益方（学生）和间接受益方（用人单位）的自评和他评，验证该校所开展的以基地共建、师资共建、课程共建、资源共享、学分互认为具体落实措施的四年一贯递进式实践教学校地合作培养模式的成效。

二、调查对象

本次调查选取在 C 校四年一贯递进式实践教学校地合作培养模式下毕业、于小学工作已一年的 2017 届毕业生及其用人单位作为调查对象。之所以将其作为调查对象，原因有以下四点：第一，C 校是重庆市首批培养农村全科小学教师的高等院校，已具备开设二三课堂、强化实践教学、构建班级管理模式、加强对外合作等小学教育（全科教师）专业师范生培养的良好教学基础，人才培养方案较为完善；第二，为了培养农村小学教育（全科教师）专业学生的实践教学能力，该校构建了见习、助教、试做、顶岗四年一贯递进式校外实践教学体系，并以基地共建、师资共建、课程共建、资源共享、学分互认为具体落实措施贯彻该体系；第三，2017 届毕业生是该校四年一贯递进式实践教学校地合作培养模式培养出的第一届学生，且已在农村小学任教一年，渡过了初次就业的适应期，进入常态化工作阶段；第四，旨在了解四年一贯递进式实践教学校地合作培养模式的两大受益方的态度与评价，验证该培养模式的有效性。

本次调查在 2018 年 7—8 月开展，采用问卷星平台编辑、形成网络问卷，面向已经在重庆市部分区县农村小学任教一年的 C 校 2017 届小学教育（全科教师）专业毕业生及其所在学校的同事、领导发放。向用人单位共发放 486 份问卷，回收问卷 407 份，全部为有效问卷，有效问卷回收率为 100%；向毕业生共发放 243 份问卷，回收问卷 200 份，全部为有效问卷，有效问卷回收率为 100%。用人单位调查对象的基本情况及毕业生调查对象的基本情况分别见表 3-1 和表 3-2。

表 3-1　用人单位调查对象的基本情况

类别	分组	人数/人	占比/%
性别	男性	189	46.4
	女性	218	53.6
年龄	20—29 岁	155	38.1
	30—39 岁	119	29.2
	40—49 岁	86	21.1
	50—59 岁	32	7.9
	60 岁及以上	1	0.2
工作关系	下属	10	2.5
	平级同事	267	65.6
	顶头上司	98	24.1
	越级上司	10	2.5
	其他	22	5.4
技术职称	高级	54	13.3
	中级	167	41.0
	初级	167	41.0
	其他	19	4.7

续表

类别	分组	人数/人	占比/%
区县	丰都	73	17.9
	奉节	52	12.8
	涪陵	2	0.5
	开州	24	5.9
	梁平	84	20.6
	彭水	37	9.1
	黔江	39	9.6
	云阳	34	8.4
单位所在地	市区	23	5.7
	乡镇	308	75.7
	村	76	18.7

注：因四舍五入，占比相加有不等于100%的情况，下同；因有被调查对象漏填了某些类别，所以人数项不总是等于有效问卷数，下同

表 3-2　毕业生调查对象的基本情况

属性	分组	人数/人	占比/%
性别	男	38	19.0
	女	162	81.0
政治面貌	共青团员	116	58.0
	共产党员	31	15.5
	普通群众	53	26.5
区县	丰都	27	13.5
	奉节	34	17.0
	涪陵	2	1.0
	开州	30	15.0
	梁平	29	14.5
	彭水	27	13.5
	黔江	21	10.5
	云阳	30	15.0
单位所在地	市区	3	1.5
	乡镇	146	73.0
	村	51	25.5

第二节　调查问卷的设计及其信效度分析

一、调查问卷的设计

通过两份问卷对 C 校四年一贯递进式实践教学校地合作培养模式的成效进行调查。虽然两份调查问卷的题器不同，但问卷的内部维度是一致的，即都是从师德规范、教育情怀、学科素养、教学能力、班级指导、综合育人、反思能力、沟通合作八个维度，来了解用人单位对该校 2017 届小学教育（全科教师）专业毕业生的满意度，以及毕业生对自身教师职业素养水平的认知和评价。综合来看，分值越高，表明用人单位对该校 2017 届小学全科教师毕业生各项职业素养的满意度越高，毕业生认为自身教师职业素养水平越高，该校四年一贯递进式实践教学校地合作培养模式成效越显著。

二、调查问卷的信效度检验

1. 信度检验

采用克龙巴赫 α 系数来检验量表的信度。结果显示，毕业生问卷的内部一致性系数为 0.976，表明测量结果是非常稳定的；用人单位问卷的内部一致性系数为 0.994，同样也表明测量结果是非常稳定的。

2. 效度检验

对用人单位问卷进行 KMO 和 Bartlett 球形检验，结果显示，KMO 值为 0.982，大于 0.9，即问卷非常适合进行因子分析；同时，Bartlett 球形检验的统计量为 741，相应的概率为 0.000，因此可认为相关系数矩阵与单位阵有显著差异。据此，采用结构效度来考察用人单位问卷的效度。用人单位问卷结构效度的检验结果如表 3-3、表 3-4 所示。

表 3-3　用人单位问卷因素负荷

指数	综合育人	反思能力	班级指导	教学能力	学科素养	沟通合作	师德规范	教育情怀
学生德育与心理健康辅导技能	0.846							
学科类和思政类课程教育中的德育渗透	0.838							
校园文化活动和社团活动的策划与组织	0.829							
对基础教育课程改革动向的把握		0.839						
教学反思方法与技能		0.830						
教师职业学习的发展与规划		0.818						
少先队与共青团的建设与管理			0.820					
班集体的建设与管理			0.793					
班风、学风的建设与管理			0.758					
担任或协助班主任工作			0.757					
把握学生学情的能力				0.819				
分析教材的能力				0.812				
教学设计的能力				0.809				
学科整合的能力（如在语文课中融入音乐和美术知识）				0.803				
独立备课和上课的能力				0.789				
教学研究和创新能力				0.789				
对学生课业进行评价的能力				0.762				
利用信息技术辅助教学的能力				0.536				
通识性知识（如自然科学和人文社会科学的基本常识）					0.761			
学科教学知识（如教学设计、教学法等）					0.736			
教育理论知识（如教育学、心理学等基础知识）					0.723			
学科专业技能（如唱歌、绘画、跳舞等技能）					0.713			
学科专业知识（如语数外等学科知识）					0.661			
与家长进行沟通交流						0.738		
参与教研和科研活动						0.730		
与学生进行沟通与互动						0.713		
与同事进行沟通交流						0.688		

续表

指数	综合育人	反思能力	班级指导	教学能力	学科素养	沟通合作	师德规范	教育情怀
师生之间相处融洽						0.680		
同事之间相处融洽						0.672		
服从上级领导安排，配合工作						0.647		
教师职业道德操守							0.876	
遵守单位的劳动纪律							0.861	
严于律己，为人师表							0.854	
工作上具有敬业和进取精神							0.839	
对学生富有爱心、责任心								0.755
工作耐心、细心								0.736
对教师职业认可								0.700
营造良好的学生成长环境								0.663
尊重学生的个体差异								0.655

表 3-4　用人单位问卷各因子之间的相关矩阵

指数	沟通合作	师德规范	教育情怀	学科素养	班级指导	综合育人	反思能力	教学能力
沟通合作	1							
师德规范	0.849**	1						
教育情怀	0.933**	0.808**	1					
学科素养	0.917**	0.782**	0.947**	1				
班级指导	0.923**	0.801**	0.939**	0.929**	1			
综合育人	0.919**	0.764**	0.932**	0.956**	0.946**	1		
反思能力	0.919**	0.782**	0.947**	0.884**	0.929**	0.956**	1	
教学能力	0.933**	0.808**	0.908**	0.949**	0.939**	0.949**	0.947**	1

**$p<0.01$，余同

从表 3-4 可以发现，用人单位量表各因子之间基本上呈高相关，相关系数在 0.764—0.956。这说明各因子之间具有一定的独立性，同时又能较好地反映问卷所要测量的内容。因此，用人单位问卷具有较好的结构效度。

对毕业生问卷进行 KMO 和 Bartlett 球形检验，结果表明，KMO 值为 0.946，大于 0.9，即问卷非常适合进行因子分析；同时，Bartlett 球形检验的统计量为 946，相应的概率为 0.000，因此可认为相关系数矩阵与单位阵有显著差异。据此，本研究采用结构效度来考察毕业生问卷的效度。毕业生问卷结构效度的检验结果如表 3-5、表 3-6 所示。

表 3-5 毕业生问卷因素负荷

指数	教学能力	学科素养	反思能力	班级指导	综合育人	师德规范	教育情怀	沟通合作
我能够独立进行课程研发和创新	0.807							
我能根据教学目标独立设计相应的教育测量方案	0.699							
我能依据课程标准分析教材，准确提取教学重难点知识	0.679							
我能针对不同的课程进行教学设计	0.655							
我能根据学生的考试成绩与平时表现，对学生的学业情况进行准确评价	0.620							
我能根据教学设计，圆满完成教学任务	0.569							
我能将现代信息技术运用在教学中	0.451							
我有扎实的学科专业技能		0.710						
我能运用教育理论知识分析和解决教育教学中的问题		0.682						
我能在教学中有效融合不同学科的知识		0.638						
我了解学生身心发展的特点及一般规律		0.630						
我有系统的学科专业知识		0.586						
我能根据不同学科设计教学方案，开展教学活动		0.552						
我了解我国基础教育课程改革的前沿动态			0.672					
我能听取多方面意见，改进自己的工作			0.646					
我能理性分析自我，制订提升自己专业能力的学习与发展计划			0.515					
我能通过反思笔记和课堂观察进行教学反思			0.454					
我能组织与指导班级主题活动				0.734				
我能组织与策划主题德育活动和社团活动				0.699				

续表

指数	教学能力	学科素养	反思能力	班级指导	综合育人	师德规范	教育情怀	沟通合作
我能独立组织班级日常工作				0.675				
我能营造良好的班风、学风				0.646				
我能胜任或协助班主任工作				0.528				
我能对学生进行德育和心理辅导					0.793			
我能将学校所在地文化融入教育教学中					0.601			
我注重培养学生养成良好的生活习惯					0.566			
我能独立承担或协助少先队与共青团的建设与管理工作					0.553			
我能将德育渗透到学科类和思政类课程教学中					0.550			
我重视利用乡土文化培养学生热爱家乡的情感					0.527			
我能遵守单位的劳动纪律						0.903		
我能做到严于律己，为人师表						0.886		
我能遵守教师职业道德规范						0.880		
我工作敬业，有进取心						0.758		
我对学生富有爱心、责任心							0.874	
我对待学生有耐心							0.736	
我工作细心							0.734	
我能根据学生的个体差异，因材施教							0.742	
我乐于为学生的发展成长创造条件和机会							0.674	
我热爱我的职业							0.591	
我与学生相处融洽								0.734
我乐于与同事分享交流实践经验，共同探讨并解决问题								0.711
我能与家长进行良好的沟通与互动								0.694
我服从上级领导安排，配合工作								0.597
我积极主动参与小组学习、专题研讨等教研活动								0.488

表 3-6 毕业生问卷各因子之间的相关矩阵

指数	师德规范	教育情怀	学科素养	班级指导	综合育人	反思能力	教学能力	沟通合作
师德规范	1							
教育情怀	0.528**	1						
学科素养	0.399**	0.630**	1					
班级指导	0.480**	0.803**	0.723**	1				
综合育人	0.503**	0.796**	0.753**	0.865**	1			
反思能力	0.462**	0.791**	0.750**	0.746**	0.822**	1		
教学能力	0.435**	0.607**	0.854**	0.749**	0.778**	0.790**	1	
沟通合作	0.528**	0.698**	0.630**	0.803**	0.796**	0.791**	0.698**	1

从表 3-6 可以发现，毕业生量表各因子之间基本上呈中等程度的相关，相关系数在 0.399—0.865。这说明各因子之间具有一定的独立性，同时又能较好地反映问卷所要测量的内容。因此，毕业生问卷具有较好的结构效度。

第四章

师德规范视角下小学全科教师校地合作培养成效

第一节 观测点剖析

教师的职业道德，简称“师德”，它是教师和一切教育工作者在从事教育活动中必须遵守的道德规范和行为准则，以及与之相适应的道德观念、情操和品质，是教师队伍建设的中心，是引领和指导师范生学会教学、学会育人和学会发展的第一素养。党的十八大以来，以习近平同志为核心的党中央坚持把教师队伍建设作为基础工作，高度重视教师思想政治和师德师风建设。2020 年 12 月，教育部等六部门印发《关于加强新时代高校教师队伍建设改革的指导意见》，强调要不断提升教师思想政治素质和师德素养，这将教师队伍建设，特别是师德师风建设提升到了一个前所未有的战略高度。它不仅为新时代教师队伍建设指明了方向，也对师德师风建设提出了更高的要求。另外，《乡村教师支持计划（2015—2020 年）》也明确强调要着力提升乡村教师的思想政治素质和职业道德水平，足见师德师风培养的重要性。因此，当我们考察 C 校四年一贯递进式实践教学校地合作培养模式的成效时，首先将该校小学教育（全科教师）专业毕业生在师德规范上的表现作为一个重要的观测点。

同时，师德规范也是小学教育（全科教师）专业培养的首要目标，它在职业精神、立德树人、职业道德、依法执教等多方面对学生提出了要求。具体而言，它要求四年一贯递进式实践教学校地合作培养模式下的小学教育（全科教师）专业的毕业生能准确把握新时代中国特色社会主义特征，贯彻党的教育方针，践行社会主义核心价值观，以立德树人为己任，以职业理解与规范为重点，系统构建正确对待职业、学生、工作和自身修养的职业认知和规范养成体系；能立足“知行合一”，创设践行师德的环境，创新师德养成路径、形式和方法，注重将师德认识内化为师德认同，进而转化为师德行为，帮助师范生成长为思想政治信念坚定、职业发展目标明确、具有立德树人理念、理解依法执教内涵、认同师德规范并能在专业实践中积极践行的新时代好教师。

基于此，本次调查从职业精神、职业道德、立德树人、依法执教四个方面，来了解在 C 校四年一贯递进式实践教学校地合作培养模式下的 2017 届小学教育（全科教师）专业毕业生在师德规范上的表现。

职业精神，是与人们的职业活动紧密联系，在对职业形成理性认识的基础上，形成的具有自身职业特征的，对职业的一种敬仰、热爱、负责乃至献身的精神。

职业道德，是指担任一定社会职业角色的人们，在职业活动中要遵从的行为规范和道德准则，是约束职业内部、职业与职业之间、职业与社会之间关系的道德要求和行为规范。①

立德树人，强调以德立人，树人以德。“德”不仅是指品德和能力，也包括理想信念、人生价值追求，综合反映了一个人的思想政治素质。“人”是有理想、有道德、有文化、有纪律的德智体美全面发展的社会主义建设者和接班人。树人需要立德，立德需要树人，用师德感化学生，以身作则起引领作用。②

依法执教，是人民教师应遵循的最基本的社会公德，遵守法律和遵守职业道德具有高度的一致性。

本次调查中，我们设置了“工作敬业和进取精神”等四个题器，来考察用人单位对 2017 届小学教育（全科教师）专业毕业生在职业精神、职业道德、立德树人和依法执教四个方面工作的评价（表 4-1）。1 代表非常不满意，2 代表比较不满意，3 代表一般，4 代表比较满意，5 代表非常满意，四个题器累计记分，分值越高，意味着用人单位对该校毕业生在师德规范上的表现越满意。同时，我们还设置了“我工作敬业、有进取心”等四个题器了解 2017 届小学教育（全科教师）专业毕业生对自己在职业精神、职业道德、立德树人和依法执教四个方面工作的自我评价（表 4-2）。1 代表完全不符合，2 代表比较不符合，3 代表不确定，4 代表比较符合，5 代表完全符合，四个题器累计记分，分值越高，意味着该校毕业生对自己在师德规范上的评价越积极。综合上述两个方面，如果用人单位越满意且毕业生自我评价越积极，则表明在四年一贯递进式实践教学校地合作培养模式下的 C 校小学教育（全科教师）专业毕业生的师德规范水平越高，进而可知该模式在师范生师德规范的培养上成效较好。

表 4-1　用人单位问卷师德规范满意度的因子构成和题器设置

指数	因子	题器
师德规范	职业精神	工作的敬业和进取精神
	职业道德	教师职业道德操守
	立德树人	严于律己，为人师表
	依法执教	遵守单位的劳动纪律

① 庞雪.我国小学青年教师职业道德建设研究[D]. 沈阳师范大学硕士学位论文，2013.
② 李萌.中小学体育德育现状和对策研究[D]. 上海师范大学硕士学位论文，2015.

表 4-2 毕业生问卷师德规范自评指数的因子构成和题器设置

指数	因子	题器
师德规范	职业精神	我工作敬业，有进取心
	职业道德	我能遵守教师职业道德规范
	立德树人	我能做到严于律己，为人师表
	依法执教	我能遵守单位的劳动纪律

第二节 调查数据分析

一、师德规范及其因子的描述性分析

本次调查的两份问卷中，师德规范子量表均由职业精神、职业道德、立德树人和依法执教四个因子构成。通过调查用人单位对 C 校 2017 届小学教育（全科教师）专业毕业生工作期间在师德规范四个方面的具体态度，我们能够了解用人单位对该校毕业生师德规范的满意程度（简称师德规范满意度）；通过调查该校 2017 届小学教育（全科教师）专业毕业生对自己工作期间在师德规范四个方面的感知，我们还能够了解该校毕业生对自己在师德规范方面表现的评价（简称师德规范自评指数）。综合两者，我们既可以全面把握该校 2017 届小学教育（全科教师）专业毕业生在师德规范这一指标上的胜任力，还可以了解该校开展的四年一贯递进式实践教学校地合作培养模式在小学教育（全科教师）专业学生的师德规范培养上的成效。

首先，对用人单位问卷中的师德规范满意度进行频次分析。结果显示，用人单位对该校 2017 届小学教育（全科教师）专业毕业生师德规范满意度均值为 91.04 分（总分为 100 分），标准差为 16.331 分，呈负偏态分布（图 4-1）。其中，高达 61.4%的用人单位受访者在师德规范满意度上评分为 100 分。这表明用人单位对四年一贯递进式实践教学校地合作培养模式下的 C 校 2017 届小学教育（全科教师）专业毕业生的师德规范总体满意度很高。

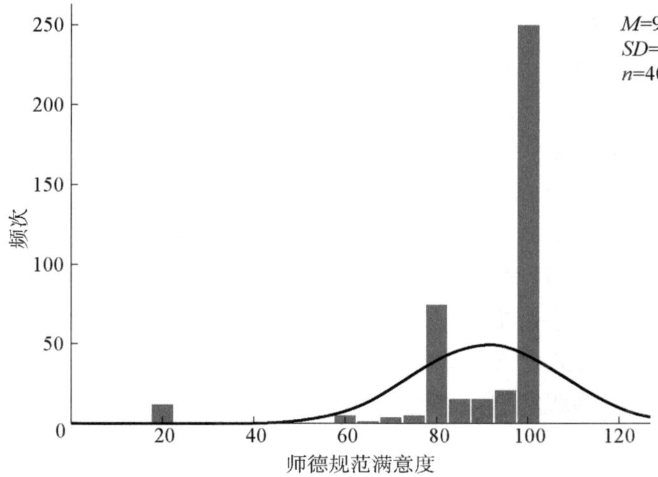

图 4-1 师德规范满意度的频次分布（用人单位问卷）

其次，对毕业生问卷中的师德规范自评指数进行频次分析。结果显示，C 校 2017 届小学教育（全科教师）专业毕业生对自己师德规范水平的自评分数均值为 92.60 分（总分为 100 分），标准差为 12.061 分，呈负偏态分布（图 4-2）。其中，高达 52.5%的毕业生给自己在师德规范上的表现评分为 100 分。这表明在四年一贯递进式实践教学校地合作培养模式下，该校 2017 届小学教育（全科教师）专业毕业生对自己的师德规范水平评价较高。

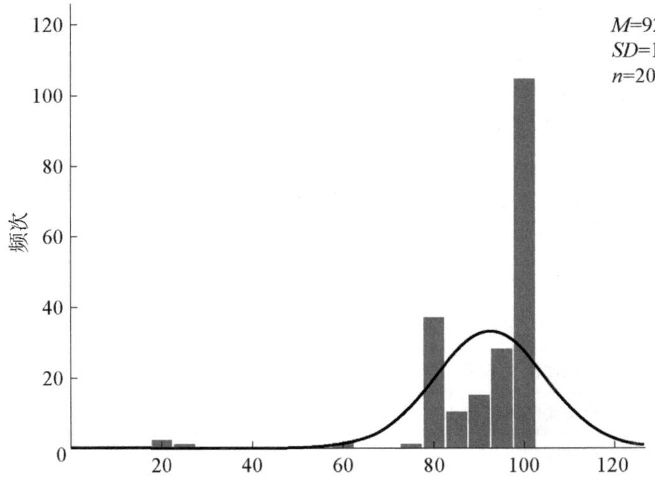

图 4-2 师德规范自评指数的频次分布（毕业生问卷）

综合以上统计结果可知，无论是用人单位对毕业生工作中表现出的师德规范水平，还是毕业生对自己工作中表现出的师德规范水平，都评价较高。换言之，该校 2017 届小学教育（全科教师）专业毕业生在工作期间能够勇于承担教师职业责任，履行教师职业义务，依法执教，具有较强的为人师表意识和思想政治素质，人岗匹配度较高，能够较好地完成教师岗位的相应工作。这也表明在教师的师德规范培养方面，该校四年一贯递进式实践教学校地合作培养模式成效显著。

为了将 C 校 2017 届小学教育（全科教师）专业毕业生的各项教师职业素养与所在地其他院校毕业生进行横向比较，我们让用人单位受访者将该校毕业生与其他院校毕业生相比具有的优势知识或能力进行了排序，结果如表 4-3 所示。该校毕业生的师德规范在教师职业能力优势排名中排名第三，这表明在四年一贯递进式实践教学校地合作培养模式下，该校 2017 届小学教育（全科教师）专业毕业生在师德规范这一项上，比其他学校的毕业生表现更好，同时也印证了该校四年一贯递进式实践教学校地合作培养模式的优势。

表 4-3　C 校 2017 届小学教育（全科教师）专业毕业生能力优势排名　　单位：次

排名	选项	选中	未选中	合计
1	学科专业知识	327	80	407
2	教学基本技能	325	82	407
3	教师职业道德规范	296	111	407
4	教师职业的认同度	270	137	407
5	信息技术辅助教学能力	238	169	407
6	班集体建设与管理	233	174	407
7	与学生、家长的沟通交流能力	227	180	407
8	团队协作能力	216	191	407
9	对学生身心发展和养成教育规律的把握	215	192	407
10	教学研究能力	213	194	407
11	教学反思方法与技能（教学工作反思）	208	199	407
12	教师职业学习的发展与规划（职业规划反思）	184	223	407
13	校园文化活动和社团活动的策划与组织	178	229	407
14	基础教育课程改革动向的把握（行业动向反思）	169	238	407
15	学生德育与心理健康辅导技能	168	239	407
16	少先队与共青团的建设与管理	142	265	407
17	其他	12	395	407

为了进一步了解C校2017届小学教育（全科教师）专业毕业生在师德规范上的具体表现，我们对其各个因子进行了深入分析。结果发现，比较而言，用人单位对该校毕业生依法执教的满意度最高，评分为91.60分；其次是职业道德和立德树人，评分均为91.00分；最后是职业精神，评分为90.60分（表4-4）。

表4-4 师德规范满意度及其四因子的具体情况

特征值	职业精神	职业道德	立德树人	依法执教	师德规范
M	90.60	91.00	91.00	91.60	91.04
max	100.00	100.00	100.00	100.00	100.00
min	20.00	20.00	20.00	20.00	20.00
SD	16.54	16.80	17.10	16.64	16.33
总分	100.00	100.00	100.00	100.00	100.00

这一结果与毕业生问卷数据分析结果相似。通过对毕业生问卷中师德规范四个因子进行频次分析，结果也显示，毕业生对自己的依法执教打分最高，为94.00分；其次是职业道德，评分为93.40分；再次是立德树人，评分为93.00分；最后是职业精神，评分为90.20分（表4-5）。

表4-5 师德规范自评指数及其四因子的总体情况

特征值	职业精神	职业道德	立德树人	依法执教	师德规范
M	90.20	93.40	93.00	94.00	92.60
max	100.00	100.00	100.00	100.00	100.00
min	20.00	20.00	20.00	20.00	20.00
SD	14.18	12.88	12.96	12.72	12.06
总分	100.00	100.00	100.00	100.00	100.00

由此可见，在四年一贯递进式实践教学校地合作培养模式下，C校2017届小学教育（全科教师）专业毕业生工作期间的师德规范表现优秀，无论是用人单位满意度还是其自评指数均在90分以上。这种显著优势也可分解到师德规范四个因子上，即无论是用人单位还是毕业生自己都对职业精神、职业道德、立德树人和依法执教的评分超过了90分。对四个因子进行比较可见，毕业生的依法执教能力最强，职业道德水平和立德树人品质次之，职业精神排最末。

二、用人单位问卷中师德规范满意度的差异性分析

在该部分，我们将通过用人单位受访者的人口学变量（性别、年龄、政治面貌、受教育程度、在校职务等）来分析其对C校2017届小学教育（全科教师）专业毕业生在师德规范满意度上的差异。

在进行方差分析后，我们发现，师德规范满意度在用人单位受访者的性别（F=1.159，p=0.219）、年龄（F=2.307，p=0.058）、政治面貌（F=2.745，p=0.065）、受教育程度（F=0.229，p=0.950）、在校职务（F=0.241，p=0.868）上不具有统计学意义上的显著差异（表 4-6）。这表明，不同用人单位受访者对该校毕业生的师德规范满意度在统计学意义上并不存在显著差异。

表 4-6　师德规范满意度在人口学变量上的差异

人口学变量	分组	M	n	F	p
性别	男	90.00	189	1.159	0.219
	女	92.00	218		
年龄	20—29 岁	89.90	155	2.307	0.058
	30—39 岁	93.45	119		
	40—49 岁	92.44	86		
	50—59 岁	84.53	32		
	60 岁及以上	100.00	1		
政治面貌	共青团员	91.23	77	2.745	0.065
	共产党员	89.02	177		
	普通群众	93.22	155		
受教育程度	初中	100.00	1	0.229	0.950
	高中、技校、职高、中专	83.38	8		
	大专	91.85	108		
	大学	90.69	284		
	硕士	100.00	1		
	其他	93.00	5		
在校职务	领导	90.34	59	0.241	0.868
	中层管理人士	91.25	96		
	普通员工	91.06	250		

三、毕业生问卷中师德规范自评指数的差异性分析

在该部分，我们将通过毕业生的人口学变量（性别、年龄、婚姻状况、工资、在校身份、居住房屋类型、职称等）来分析师德规范自评指数的差异性。

1. 自然特征变量：性别/年龄/婚姻状况

我们采用方差分析来了解不同性别、年龄或婚姻状况的毕业生在师德规范自评指数上是否存在差异，结果发现，师德规范自评指数在毕业生的性别（F=6.541，p=0.011）上呈现显著性差异，女学生的师德规范自评指数显著高于男学生，而在年龄（F=0.381，p=0.822）和婚姻状况（F=0.740，p=0.391）上不具有统计学意义上的显著性差异（表 4-7）。

表 4-7　师德规范自评指数在毕业生自然特征变量上的差异性

自然特征变量	分组	M	n	F	p
性别	男	88.16	38	6.541	0.011
	女	93.64	162		
年龄	22 岁	90.45	11	0.381	0.822
	23 岁	92.44	90		
	24 岁	92.40	73		
	25 岁	94.17	24		
	26 岁	100.00	2		
婚姻状况	已婚	95.38	13	0.740	0.391
	未婚	92.41	187		

具体对毕业生师德规范自评指数四个因子进行方差分析，发现不同性别的毕业生在职业道德（F=6.930，p=0.009）、立德树人（F=6.005，p=0.015）和依法执教（F=10.995，p=0.001）上存在显著性差异，但在职业精神上不存在显著性差异（F=1.242，p=0.266）。进一步对均值进行比较，发现女毕业生对自己在职业道德、立德树人和依法执教上的自评指数均高于男毕业生（图 4-3）。这表明，在 C 校四年一贯递进式实践教学校地合作培养模式下，女学生对自己在师德规范上的评价感知优于男学生，对自己的师德规范认同度更高。

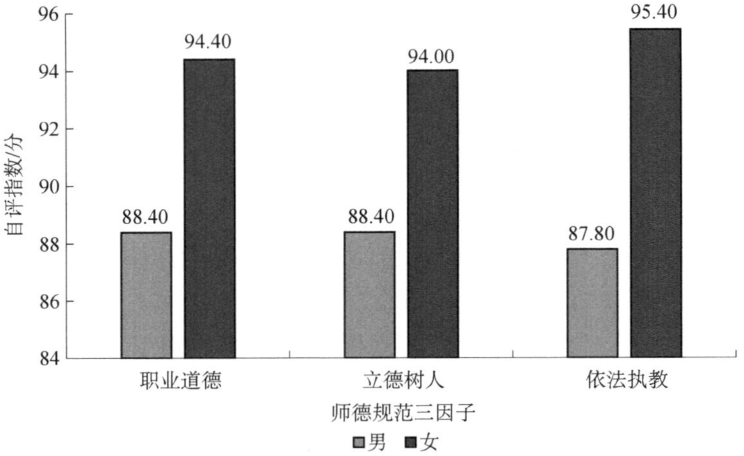

图 4-3 师德规范自评指数及其三因子在毕业生性别上的差异

2. 工作特征变量：在校身份/工资/居住房屋类型/职称

分析工作环境对毕业生师德规范自评指数的影响，发现师德规范自评指数仅在毕业生的居住房屋类型上存在显著性差异（F=2.684，p=0.048），除此之外，在在校身份（F=0.654，p=0.420）、工资（F=1.621，p=0.131）、职称（F=0.222，p=0.801）上均不具有统计学意义上的显著性差异（表 4-8）。

表 4-8 师德规范自评指数在毕业生工作特征变量上的差异性

工作特征变量	分组	M	n	F	p
在校身份	学生干部	93.37	89	0.654	0.420
	普通学生	91.98	111		
工资	2000 元及以下	76.00	5	1.621	0.131
	2001—2500 元	94.29	21		
	2501—3000 元	92.69	80		
	3001—3500 元	92.56	80		
	3501—4000 元	95.62	8		
	4001—4500 元	100.00	1		
	4501—5000 元	97.50	2		
	5001 元及以上	93.33	3		
居住房屋类型	自有房	88.68	53	2.684	0.048
	租赁房	94.55	55		
	宿舍	93.62	87		
职称	初级	92.40	135	0.222	0.801
	高级	100.00	1		

注：有被访者漏填了某些工作特征变量，所以不是每项变量的数值都为 200。

比较三类居住条件的毕业生在师德规范自评指数上的均值可见，他们在师德规范自评指数上的均值均超过 85 分，其中居住在租赁房和宿舍的毕业生的师德规范自评指数显著高于居住在自有房中的毕业生。进一步进行方差分析，发现不同居住条件的毕业生除了在依法执教水平（F=3.308，p=0.021）上存在显著性差异外，在职业精神（F=1.868，p=0.136）、职业道德（F=2.236，p=0.085）、立德树人（F=2.303，p=0.078）上都不存在显著性差异。

如图 4-4 所示，居住在自有房的毕业生在依法执教因子上的自评指数相对最低，为 89.40 分，而居住在宿舍和租赁房的毕业生在依法执教因子上的自评指数明显高于居住在自有房的毕业生，均值分别为 95.20 分、95.60 分。通过进一步访谈得知，居住在租赁房的毕业生往往是与同校同事合租的，且居住在学校附近，而住在自有房的学生则不尽然。由此可见，居住在学校内部或临近学校的毕业生更容易受到学校氛围和制度环境的浸润，进而在师德规范特别是依法执教方面表现更突出。

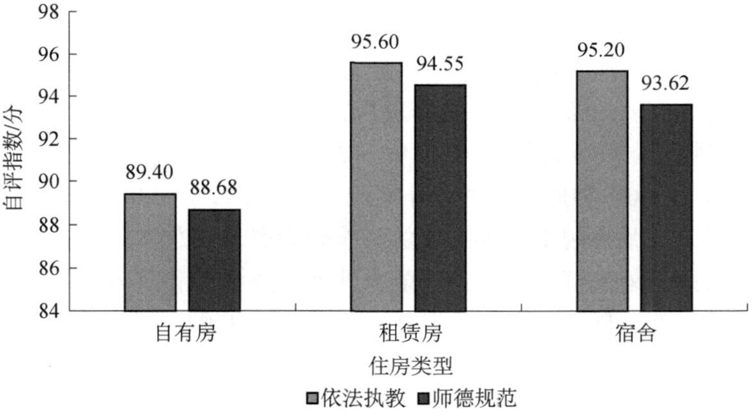

图 4-4 师德规范自评指数及其因子在毕业生居住房屋类型上的差异性

四、师德规范自评指数的影响因素分析

通过相关分析发现，毕业生的师德规范自评指数与其对在校期间所学各项知识技能的满意度有不同程度的显著相关。使用 Stata 15.0 统计软件对其进行方差分析和回归分析，结果显示，毕业生在校期间所学的教育理论知识（F=20.270，p=0.000）、学科专业知识（F=12.096，p=0.000）对其师德规范自评指数的影响显著。随着毕业生对其在校期间所学教育理论知识和学科专业知识的满意程度的上升，其师德规范自评指数也会随之提高（图 4-5）。

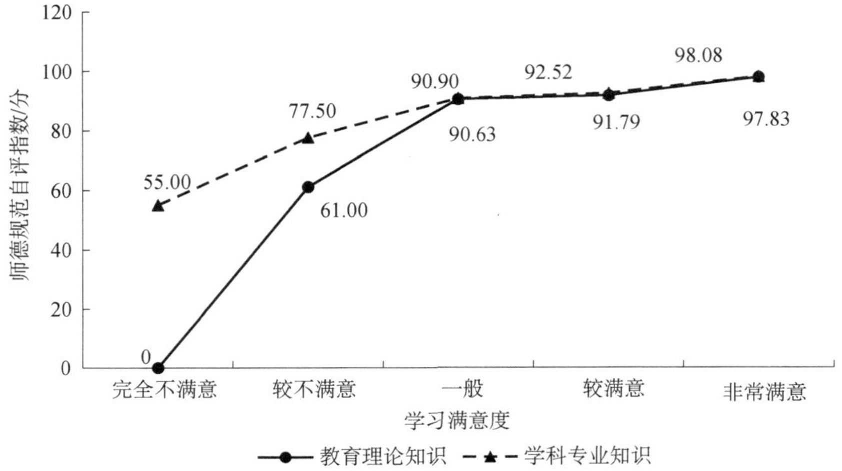

图 4-5 师德规范自评指数与两项知识技能的学习满意度之间的关系

此外，毕业生的师德规范自评指数与其对在四年一贯递进式实践教学校地合作培养模式中所参与的各项课内外实训活动的有效性评价之间存在不同程度的显著相关。使用 Stata 15.0 统计软件对其进行方差分析和回归分析，结果显示，毕业生对学校提供优秀教师课堂案例视频（F=15.595，p=0.000）、课外阅读活动（F=10.494，p=0.000）和通识能力课外实践（F=4.934，p=0.003）这三项活动的有效性评价水平对其师德规范自评指数的影响较为突出。总体来看，毕业生认为其在校期间参与的课外阅读活动、通识能力课外实践活动和获得的优秀教师课堂案例视频越有效，其对自己在师德规范上的自评指数也越高（图 4-6）。

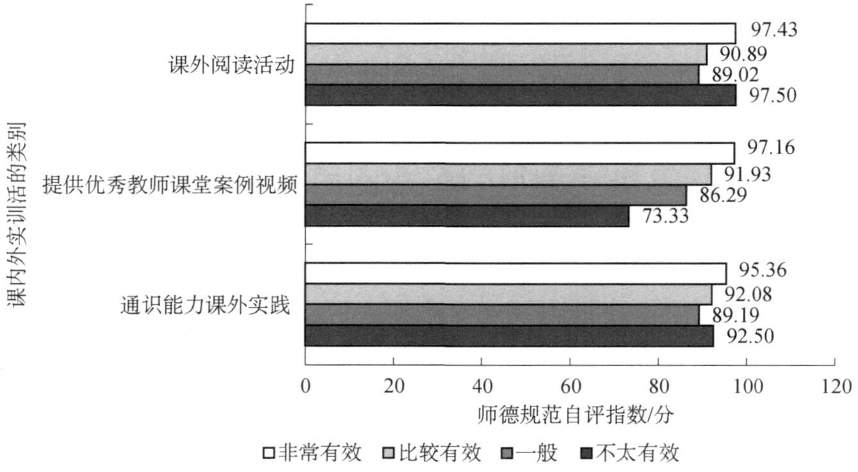

图 4-6 师德规范自评指数与三项课内外实训活动有效性评价之间的关系

第三节 小结与讨论

经过本次调查和上述分析可知，C 校 2017 届小学教育（全科教师）专业毕业生在师风师德方面表现优异，用人单位的满意度和毕业生的自我评价都较高，进一步说明在师德规范这一视角下，该校的四年一贯递进式实践教学校地合作培养模式成效显著。

一、用人单位对毕业生师德规范总体满意度很高

用人单位对在四年一贯递进式实践教学校地合作培养模式下的 C 校 2017 届小学教育（全科教师）专业师范生的师德规范满意度很高，表现在他们对该校毕业生在职业精神、职业道德、立德树人、依法执教四个因子上的满意度评分均在 90 分以上。

虽然用人单位对毕业生的师德规范总体满意度很高，且毕业生的师德规范自评指数也较高，但深入分析却发现，用人单位对该校 2017 届小学教育（全科教师）专业毕业生的评价中，在“该校毕业生工作敬业、有进取精神”这一题项上，选择“完全符合”的人数占比只有 58.5%，这表明用人单位对该校 2017 届小学教育（全科教师）专业毕业生的职业精神的满意度还有待提升。

二、女学生的师德规范自评指数显著高于男学生

从师德规范自评指数在人口学变量上反映出的差异来看，C 校 2017 届小学教育（全科教师）专业女学生的师德规范自评指数要显著高于男学生。

对此，我们认为可能的原因主要有两点：第一是小学教师的职业特质更符合女性，进而女学生的职业认同更高。小学教师这个职业往往给人的印象就是比较稳定、工作任务轻松、压力较小、人际交往简单、拥有较多空闲时间照顾家庭，而在传统观念中，这些职业特质似乎更符合女性在社会关系中所扮演的角色，既方便照顾家庭，同时又能教育下一代。因而与男学生相比，女学生的职业认同感往往较高，在校期间的学习态度和学习行为也普遍更积极主动，从内而外所展现

出的师德规范也就会更优于男学生。第二，女性教师承担的多元家庭角色有助于师德规范的建构。以社会学角色理论为依据，女性教师不仅担当着教师这一职业角色，还需要扮演多元的家庭角色，如女儿、妻子、母亲。美国公立学校运动的领袖贺拉斯·曼认为，教师角色是女性母亲角色的延伸，将自我牺牲的母性当作女性本能，并把这点作为女性教师践行道德行为的必然要求。[①]女性天生的母爱与仁慈，以及她们通过在家庭中扮演女儿、妻子或母亲的家庭角色，更多地实践着一些重要的师德规范——细心、耐心和责任心等。在她们扮演好这些多元家庭角色的同时，也丰盈了作为教师的职业素养。

三、教育理论知识、优秀教师课堂案例对毕业生的师德规范有积极影响

首先，教育理论知识的习得过程是培养师范生师德师风的重要途径之一。本次调查结果也表明，C 校 2017 届小学教育（全科教师）专业毕业生对在校期间所学教育理论知识的有效性评价越积极，其师德规范自评指数也会越高。深入调研发现，C 校为小学教育（全科教师）专业学生开设的教育理论知识类课程，不仅包括课内教育理论知识的学习，还包括相应的课外体验类实训活动，要求学生对所学习的知识进行实践，并且积极拓展。课内教育理论知识包括教育学、心理学等学科知识，这是 C 校小学教育（全科教师）专业学生所要掌握的基础学科知识，也是作为一位教师所要掌握的职业基础理论知识。这些学科知识中蕴含了科学且深厚的教育理念和践行高尚师德师风的具体教育技巧。但是，学生对这些基础理论知识不能仅仅停留在识记的水平上，而应上升到综合应用的水平。因此，C 校开设的这类教育理论课中都设有相应的实训课时。在实训课中，该校小学教育（全科教师）专业学生或被要求通过亲身观察、调查去发现小学教育中的实际问题，运用所学理论知识去解释说明该问题，进而探索解决方法；或被要求通过角色扮演进行既定小学教育主题的情景剧表演，以此亲身体验小学生或小学教师在教育活动中的感受，发现所学师德规范的现实依据和实际表现，深化师风师德理念的同时，也实实在在地践行着师风师德的要求。

其次，在影响小学教育（全科教师）专业毕业生师德规范自评指数的三项课内外实训活动中，毕业生对在校期间所获得的优秀教师课堂案例视频的有效评价

---

① 罗晶晶. 贺拉斯·曼的师范教育思想研究[D]. 上海师范大学硕士学位论文，2018.

相对最高，其中 74 名毕业生认为“非常有效”，88 名毕业生认为“比较有效”（表 4-9）。在 C 校开展的四年一贯递进式实践教学校地合作培养模式中，多元且丰富的课内外实训活动可以让该校小学教育（全科教师）专业学生有更多的实践机会，从而将知识转化为能力，为未来成为一位合格的教师作准备。同时，课内外实训活动也可以让学生认识到自己的不足之处，从而进行弥补或是改善。尤为重要的是，该校借助丰富的小学实践基地平台，从一线小学中广泛收集优秀小学教师的课堂案例视频，让学生能够间接观摩和学习高质量的教育教学设计和教育教学技巧。同时，该校还通过组织开展区域小学教师技能展演、教学技能比赛或教育教学论坛，让学生直接参与其中，亲身感知、体验或实践教育教学方法与技能。在这种间接和直接的教育教学实训实践过程中，小学教育（全科教师）专业学生以行动促反思，锻炼教育教学能力的同时，也潜移默化地进行着师风师德的提升。

表 4-9　课内外实训活动有效性的频次　　单位：人

程度	提供优秀教师课堂案例视频	通识能力课外实践	课外阅读活动
完全无效	0	0	1
不太有效	3	4	2
一般	35	43	4
比较有效	88	84	84
非常有效	74	69	72

第四节　改进措施与建议

一、多开展关于师德的讲座与座谈会，营造良好师德师风养成环境

首先，开展关于师德的讲座可以给小学教育（全科教师）专业学生提供更多向优秀教育工作者学习的机会。优秀的教育工作者大多具有深厚的学识和崇高的师德品质，可以为学生起到良好的榜样作用，促进学生构建起积极向上的职业进取精神，学习到丰富的教育经验，从而形成良好的师德规范品质。同时，开展座谈会还可以给学生提供更多的交流平台。通过与优秀教育工作者交流，学生可以

疏解理论学习和教育实践中的困惑；通过聆听优秀教育工作者关于教师职业信仰的看法或对一些棘手的教育教学问题的应对措施，学生可以在获得教师身份认同的同时，切身体会到教师的职责，从而潜移默化地培养出高尚的师德品质。

其次，在师范生的职业素养中，师德规范具有导向作用，决定着师范生在未来教育教学活动中的方向、态度和行为表现，高等师范院校可将教育部等七部门印发的《关于加强和改进新时代师德师风建设的意见》的有关内容融入四年一贯递进式实践教学校地合作培养模式中，将相关要求纳入课堂学习的知识体系中，以及实训基地实践的考核标准中，进而促使小学教育（全科教师）专业学生在校内学习和校外实践过程中不断修正自身教育教学行为，提升自我教师职业道德修养，由表及里地切实提高师德水平。

最后，校园文化既是一种环境，也是一种精神。浓郁的文化氛围、优美的育人环境，不仅对师范生的学习、生活和心理起到良好的调节作用，而且对规范师范生的行为习惯、促进师范生师风师德的提高起到潜移默化的作用。因此，高等师范院校可在办公楼、教学楼、图书楼、宿舍楼等醒目位置，设置更多“校训”“教风”“学风”等标牌，以营造良好的教学、学习氛围，将“学高为师、德高为范”的作风落到实处，从而提升师范生的师德师风水平。

二、理论课程与实践课程相结合，潜移默化传递师德规范

从毕业生问卷中可知，教育理论知识、学科专业知识与通识能力课外实践都是影响 C 校 2017 届小学教育（全科教师）专业毕业生师德规范的重要因素。校地合作培养模式下的理论知识学习固然重要，但实践教育教学经验的积累也同样不可忽视。

1. 加强理论教学，凸显师德课程的作用

教师职业道德课程是对师范生进行师德养成教育的基础课程，对师范生形成良好的师德师风具有导向意义。首先，在课程性质上，应将教师职业道德课程设置为师范类专业必修课，课程学分也应适当增加。其次，在授课方式上，教师应改变以理论讲授为主的状况，将其他更有效、更有趣的教学方法融入其中，如可以采取案例教学、情境教学或任务式教学等多种教学方法鼓励学生互动，调动学生积极参与，从而激发与学生的情感共鸣。再次，在课外活动方面，应不断创新活动方式与内容，进行多样化的主题活动，如学生师德学习分享、师德电影欣赏、师德情景剧表演等，以提高活动的成效。最后，授课教师应从自我做起，在日常教育教学工作中严以律己，发挥模范带头作用，通过自身力量感染和教育师范生。

2. 结合校地合作培养优势，在实践中提升学生师德师风水平

在校地合作培养模式下，小学教育（全科教师）专业学生可跟随一线小学优秀教师观摩，并试做一线小学优秀教师的具体教育教学工作，与其深入交流，学习他们的优良师德师风，从而不断完善和提升自己。因此，在小学教育（全科教师）专业学生见习、实习的过程中，高等师范院校要建立和完善小学教育（全科教师）专业学生的师德培训制度和考核制度，并和地方形成统一评价模式，对小学教育（全科教师）专业学生的师德师风水平做出严格的考核，且将学生的校内行为表现与校外实践基地的实习行为表现结合在一起，互通评分，对表现优秀的师范生要给予奖励，而对那些有严重失德行为且影响恶劣的师范生要给予批评和警告，甚至开除。

三、大力推进 GSP 综合素质拓展活动的开展，着力激发男学生参与

C 校依托办学特色和师资力量建立起了师范生 GSP 综合素质拓展平台，其中，G 为通识能力（general abilities），S 为学科能力（subject abilities），P 为专业能力（professional abilities）。在 GSP 综合素质拓展平台的基础上，该校开展了很多提高小学教育（全科教师）专业学生师德规范自评指数的课内外实训活动。在与毕业生的访谈中，我们了解到，这一校内实训平台确实给予了师范生较多的教师技能锻炼机会，大大提升了他们的综合素养。国内许多高等师范院校均设有类似的校内实训活动体系，但与 C 校相似的是，这类实训活动的参与者多是女学生，男学生对这些活动兴趣不大，参与度也不太高。

为了提高男学生参与课内外实训活动的积极性，高等师范院校可采取以下激励措施：第一，某些活动可以增设参与者的性别比例要求，如一些 GSP 团体活动可要求组队中必须有男生，且需担任队长。例如，在火眼金睛游戏中，首先将参与者以五人为一组（必须有男有女）分为若干组，每组成员做简单的自我介绍，然后将所有组的成员打乱，每组需在最短的时间内找出各自的队友，用时最少的一组获胜。第二，可以多开展适合男学生参与的活动，如足球比赛、篮球比赛等团体运动类活动，辩论、教学设计、现代信息技术展演等具有创新性、挑战性的技能类活动。只有先激发男学生的兴趣，他们参与活动的可能性才会加大，才能让其在群体互动、教育创新实践等活动中以行动提升职业认同，师德规范水平才会得到相应提高。

第五章

教育情怀视角下小学全科教师校地合作培养成效

第一节 观测点剖析

党的十九大报告明确指出，经过党和人民长期的共同努力，我国已经进入中国特色社会主义新时期。在这一新的历史时期，广大教育工作者应该以更加高尚的教育情怀，更好地投身于我国新时代背景下的教育事业，为实现社会主义现代化贡献力量。做一个有教育情怀的新时代教师，对待国家要心怀大爱，对待教育事业要心怀敬意，对待学术知识要心怀谦逊，对待学生要不离不弃。此外，在“以学生为中心、面向产出、持续改进”的成果导向教育理念（outcome-based education，OBE）中，教育情怀是小学教育（全科教师）专业的重要培养指标，理应被加入考察小学全科教师校地合作培养成果的范畴中。教育情怀是以情系学生、胸怀育人为标志的教师核心素养，是师范生学会教学、学会育人、学会发展的心理保障。该指标与师范生培养目标中的师德素养定位相对应，具体表现在教师的职业认同、职业情感、职业投入和教育信念四个方面。

职业认同，一般是在个体长期从事某种职业活动过程中，对该职业活动的性质、内容、职业社会价值和意义等极为熟悉和认可的情况下形成的。国内的研究者认为，职业认同是指个体对所从事的职业在内心里认为有价值、有意义，并能够从中找到乐趣的一种状态。①

职业情感，是指人们对自己所从事的职业所具有的稳定的态度和体验。教师职业情感，则是教师在教学环境中，由是否能够得到自身社会性需要的满足，而产生的对教师职业比较持久的积极或消极的心理反应。教师职业情感可以分为教师对学生的情感和对自身职业的情感两个方面。②

职业投入，可以理解为工作投入，即个体在工作中的一种积极的、完满的融入状态。③教师的职业投入是指教师对其本职工作的积极主动的态度和热爱迷恋程度，它不仅会影响教师自身的生活质量及专业成长，更会影响学校的教育质量及学生的健康成长。④

---

① 程巍，王在勇，王瑶. 高等师范教育专业学生的中小学教师职业认同现状调查[J]. 教师教育研究，2008，20（5）：45-48.

② 陈鑫. 中小学教师职业情感现状研究——以中部六省为例[D]. 山西师范大学硕士学位论文，2014.

③ 胡少楠，王詠. 工作投入的概念、测量、前因与后效[J]. 心理科学进展，2014，22（12）：1975-1984.

④ 盛建森. 教师工作投入：结构与影响因素的研究[J]. 心理发展与教育，2006（2）：108-112.

教育信念是指教师在教学情境与教学历程中，对教学工作、教师角色、课程、学生、学习等相关因素所持有且信以为真的观点，它通常包括教师对课堂教学、语言、学习、学习者、教师自我或教师作业的看法。[①]

综上所述，如果C校2017届小学教育（全科教师）专业毕业生在职业认同、职业情感、职业投入、教育信念四个方面表现良好，我们则认为他们在四年一贯递进式实践教学校地合作培养模式下形成了崇高的教育情怀，同时表明该模式在小学教育（全科教师）专业学生的教育情怀培养上具有较大的成效。

本次调查中，我们设置了“对教师职业认可”等五个题器来考察用人单位对2017届小学教育（全科教师）专业毕业生在职业认同、职业情感、职业投入和教育信念四个方面工作的评价（表5-1）。1代表非常不满意，2代表比较不满意，3代表一般，4代表比较满意，5代表非常满意，五个题器累计记分，分值越高，意味着用人单位对该校毕业生在教育情怀上的表现越满意。同时，我们还设置了“我热爱我的职业”等六个题器来了解2017届小学教育（全科教师）专业毕业生对自己在职业认同、职业情感、职业投入和教育信念四个方面工作的自我评价（表5-2）。1代表完全不符合，2代表比较不符合，3代表不确定，4代表比较符合，5代表完全符合，六个题器累计记分，分值越高，意味着该校毕业生对自己在教育情怀上的评价越积极。综合上述两个方面，如果用人单位越满意且毕业生自我评价越积极，则表明在四年一贯递进式实践教学校地合作培养模式下的C校小学教育（全科教师）专业毕业生的教育情怀越积极，进而可知该校四年一贯递进式实践教学校地合作培养模式在师范生教育情怀的培养上成效较好。

表5-1 用人单位问卷教育情怀满意度的因子构成和题器设置

指数	因子	题器
教育情怀	职业认同	对教师职业认可
	职业情感	对学生富有爱心、责任心
	职业投入	工作耐心、细心
		尊重学生的个体差异
	教育信念	营造良好的学生成长环境

① Pajares M F. Teachers' beliefs and educational research: Cleaning up a messy construct[J]. Review of Educational Research, 1992, 62（3）：307-322.

表 5-2 毕业生问卷教育情怀自评指数的因子构成和题器设置

指数	因子	题器
教育情怀	职业认同	我热爱我的职业
	职业情感	我对学生富有爱心、责任心
		我对待学生有耐心
	职业投入	我工作细心
		我乐于为学生的成长创造发展的条件和机会
	教育信念	我能根据学生的个体差异，因材施教

第二节 调查数据分析

一、教育情怀及其因子的描述性分析

本次调查的两份问卷中，教育情怀子量表均由职业认同、职业情感、职业投入和教育信念四个因子构成。通过调查用人单位对 C 校 2017 届小学教育（全科教师）专业毕业生工作期间在教育情怀四个方面的具体态度，我们能够了解用人单位对该校毕业生教育情怀的满意程度（简称教育情怀满意度）；通过调查该校 2017 届小学教育（全科教师）专业毕业生对自己工作期间在教育情怀四个方面的感知，我们还能够了解该校毕业生对自己教育情怀的评价（简称教育情怀自评指数）。综合两者，我们既可以全面把握该校 2017 届小学教育（全科教师）专业毕业生在教育情怀这一指标上的胜任力，还可以了解该校开展的四年一贯递进式实践教学校地合作培养模式在小学教育（全科教师）专业学生的教育情怀培养上的成效。

首先，对用人单位问卷中教育情怀满意度进行频次分析，结果显示，用人单位对 C 校 2017 届小学教育（全科教师）专业毕业生在教育情怀方面的满意度为 90.90 分（总分为 100 分），标准差为 15.45 分，呈负偏态分布（图 5-1）。57.2%的用人单位受访者对该校毕业生教育情怀的满意度打出了满分 100 分，这表明用人单位对该校 2017 届小学教育（全科教师）专业毕业生的教育情怀总体满意度较高。

其次，对毕业生问卷中的教育情怀自评指数进行频次分析，结果显示，该校 2017 届小学教育（全科教师）专业毕业生的教育情怀自评分数为 89.08 分（总分为 100 分)，标准差为 10.16 分，呈负偏态分布（图 5-2）。56.5%的毕业生对自己教育情怀的自评打分超过了 90 分，但值得注意的是，仍有 25.5%的毕业生在教育情怀自评指数上评分低于 80 分。这表明总体而言，该校 2017 届小学教育（全科教师）专业毕业生对自己教育情怀的评价较高，但仍有提升空间。

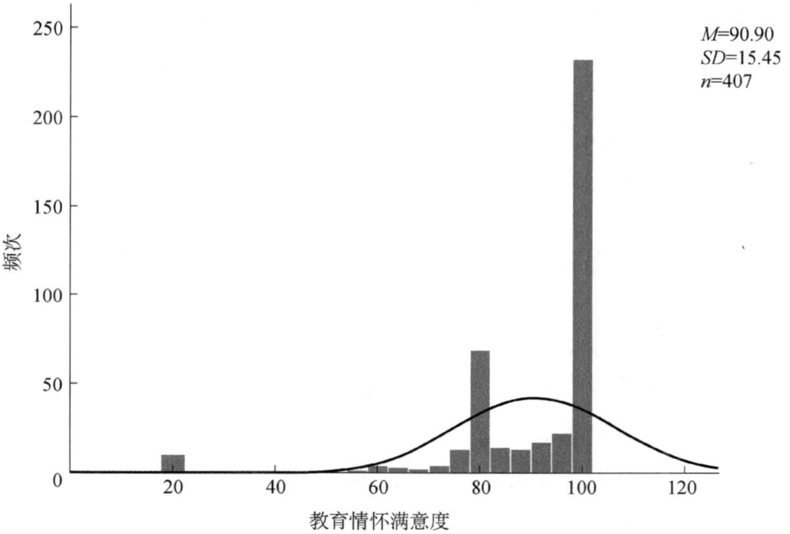

图 5-1 教育情怀满意度的频次分布（用人单位问卷）

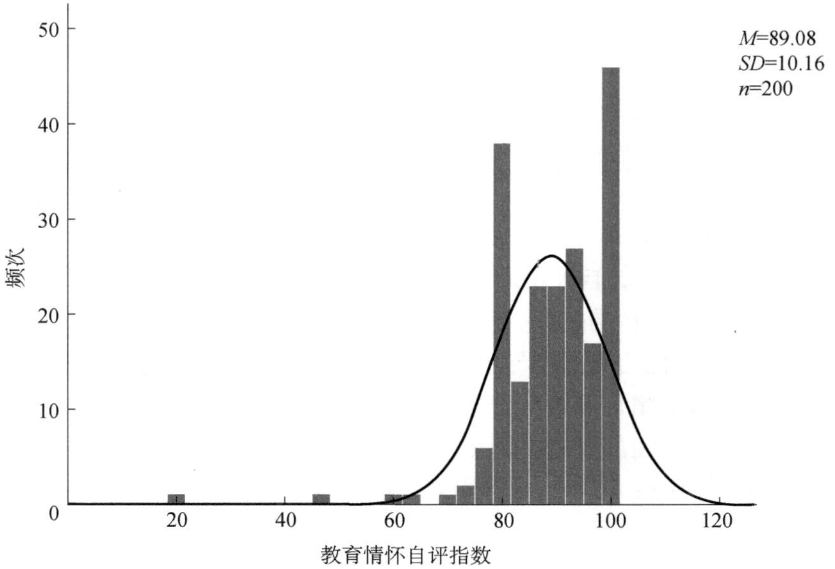

图 5-2 教育情怀自评指数的频次分布（毕业生问卷）

综合以上两个方面的统计结果可知，无论是用人单位对毕业生工作中表现出的教育情怀，还是毕业生对自己工作中表现出的教育情怀，都评价较高。换言之，该校四年一贯递进式实践教学校地合作培养模式在2017届小学教育（全科教师）专业毕业生的教育情怀培养上表现出较为理想的成效，毕业生在教育教学工作中普遍投了真诚的感情，对基础教育事业拥有较强的使命感，发自内心地热爱学生、热爱教育工作。

最后，根据表4-3可知，该校毕业生的教育情怀在能力优势排名中排第4，这也反映出与用人单位中来自其他高等师范院校的毕业生相比，C校2017届小学教育（全科教师）专业毕业生工作期间展现出了较强的教育情怀，对基础教育事业具有极大的热情和责任心。

为进一步了解用人单位对该校2017届小学教育（全科教师）专业毕业生在教育情怀的具体评价，我们对教育情怀的各个因子进行了深入分析。结果发现，比较而言，用人单位对该校毕业生展现出的职业情感最为满意，均值为92.00分；其次是职业认同，均值为91.00分；再次是职业投入，均值为90.59分；最后是教育信念，均值为90.40分（表5-3）。

表5-3 教育情怀满意度中四个因子的具体情况

特征值	职业认同	职业情感	职业投入	教育信念
M	91.00	92.00	90.59	90.40
max	100.00	100.00	100.00	100.00
min	20.00	20.00	20.00	20.00
SD	16.04	15.74	15.78	16.54
总分	100.00	100.00	100.00	100.00

此外，对毕业生问卷中教育情怀自评指数的四个因子进行频次分析，结果显示，毕业生对职业情感的自评也最高，评分为91.10分；其次是教育信念，评分为88.60分；再次是职业认同，评分为88.40分；最后是职业投入，评分为87.70分（表5-4）。将用人单位的满意度与毕业生自评指数进行对比发现：第一，用人单位对该校毕业生的教育情怀满意度普遍高于毕业生自评指数；第二，无论是用人单位对毕业生职业情感上的表现，还是毕业生对自己职业情感上的表现，都最为满意，均值都高于90分；第三，尽管用人单位对该校毕业生教育情怀四个方面的满意度均高于90分，但相较而言，他们对毕业生的教育信念满意度最低，均值为90.40分，而毕业生对自己的职业投入的评价则是最低，均值为87.70分。

表 5-4　教育情怀自评指数中四个因子的具体情况

特征值	职业认同	职业情感	职业投入	教育信念
M	88.40	91.10	87.70	88.60
max	100.00	100.00	100.00	100.00
min	20.00	20.00	20.00	20.00
SD	14.78	12.06	11.01	11.60
总分	100.00	100.00	100.00	100.00

二、用人单位问卷中教育情怀满意度的差异性分析

在该部分，我们将通过用人单位受访者的人口学变量（性别、年龄、政治面貌、受教育程度、工龄、在校职务、与毕业生关系）来分析他们对 C 校 2017 届小学教育（全科教师）专业毕业生教育情怀满意度的差异。

1. 自然特征变量：性别/年龄/政治面貌/受教育程度

通过分析不同用人单位受访者对该校 2017 届小学教育（全科教师）专业毕业生的满意度，我们发现，教育情怀满意度在受访者性别（F=3.953，p=0.047）、年龄（F=3.318，p=0.011）上存在显著性差异，但在政治面貌（F=2.277，p=0.104）、受教育程度（F=0.290，p=0.919）上不具有统计学意义上的显著性差异（表 5-5）。

表 5-5　教育情怀满意度在用人单位受访者自然特征变量上的差异性

自然特征变量	分组	*M*	*n*	*F*	*p*
性别	男	89.27	189	3.953	0.047
	女	92.31	218		
年龄	20—29 岁	91.35	155	3.318	0.011
	30—39 岁	92.43	119		
	40—49 岁	92.28	86		
	50—59 岁	81.75	32		
	60 岁及以上	96.00	1		
政治面貌	共青团员	91.27	77	2.277	0.104
	共产党员	89.12	175		

续表

自然特征变量	分组	*M*	*n*	*F*	*p*
政治面貌	普通群众	92.72	155		
受教育程度	初中	100.00	1	0.290	0.919
	高中、技校、职高、中专	87.00	8		
	大专	90.89	108		
	本科	90.89	284		
	硕士	100.00	1		

（1）教育情怀满意度及其四因子在用人单位受访者性别上的差异

用人单位中不同性别受访者对该校 2017 届小学教育（全科教师）专业毕业生的满意度存在显著性差异，具体考察教育情怀的四个因子，除了在职业认同（F=1.271，p=0.260）上的差异性不显著外，在职业情感（F=2.808，p=0.017）、职业投入（F=4.669，p=0.031）、教育信念（F=6.159，p=0.013）上均存在显著性差异。

如图 5-3 所示，用人单位中的女性受访者对该校毕业生在职业情感、职业投入和教育信念上的满意度普遍高于男性受访者。其中，在职业情感满意度上，用人单位中男女受访者的评分差距最小，仅为 1.54 分；在职业投入和教育信念满意度上，用人单位中男女受访者的评分均高于 88 分，但两者的评分差距在 4 分左右。由此可见，尽管用人单位男女受访者对 C 校 2017 届小学教育（全科教师）专业毕业生的职业情感、职业投入和教育信念都比较满意，但女性受访者在这三个因子上的满意度均高于男性受访者。

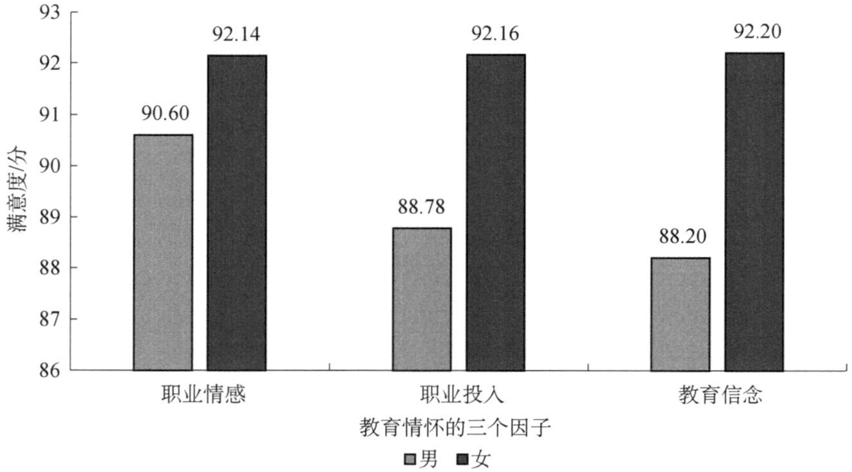

图 5-3　用人单位男女受访者在教育情怀三因子满意度上的差异

（2）教育情怀满意度及其四因子在用人单位受访者年龄上的差异

方差分析发现，不同年龄段的用人单位受访者对C校2017届小学教育（全科教师）专业毕业生的职业情感满意度存在显著性差异（F=2.401，p=0.049）。具体考察教育情怀的四个因子，发现是在职业情感（F=2.401，p=0.049）上存在显著性差异，而在职业认同（F=2.148，p=0.074）、职业投入（F=1.608，p=0.131）和教育信念（F=1.509，p=0.199）上均不存在显著性差异。

如图5-4所示，50—59岁年龄段的用人单位受访者对C校2017届小学教育（全科教师）专业毕业生的评分最低，为81.80分，其他年龄阶段的用人单位受访者的评分均在90分以上，这说明用人单位对该校2017届小学教育（全科教师）专业毕业生的职业情感总体比较满意，而用人单位中50—59岁年龄段的资深老教师的评分却相对保守。

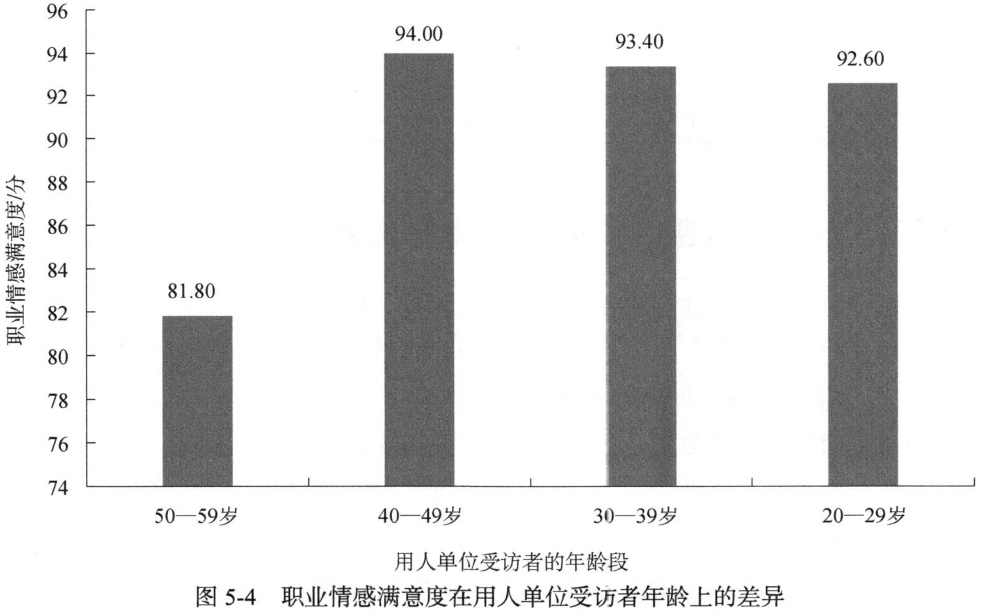

图5-4　职业情感满意度在用人单位受访者年龄上的差异

2. 工作特征变量：在校职务/与毕业生关系/工龄

通过分析用人单位受访者的工作特征变量对C校2017届小学教育（全科教师）专业毕业生教育情怀的满意度，我们发现，教育情怀满意度在用人单位受访者的在校职务（F=0.534，p=0.659）、与毕业生关系（F=2.106，p=0.079）、工龄（F=1.272，p=0.275）上均不具有统计学意义上的显著性差异（表5-6）。

表 5-6 教育情怀满意度在用人单位受访者工作特征变量上的差异

工作特征变量	分组	*M*	*n*	*F*	*p*
在校职务	领导	89.69	59	0.534	0.659
	中层管理人员	90.08	96		
	普通员工	91.42	250		
与毕业生关系	下属	90.80	10	2.106	0.079
	平级同事	91.67	267		
	顶头上司	91.10	98		
	越级上司	88.00	10		
工龄	5 年及以下	92.53	180	1.272	0.275
	6—10 年	89.53	76		
	11—19 年	90.11	57		
	20—29 年	91.93	59		
	30—39 年	84.60	20		
	40 年及以上	84.00	1		

三、毕业生问卷中教育情怀自评指数的差异性分析

在该部分，我们将通过毕业生的人口学变量（性别、年龄、婚姻状况、职位、职称、居住房屋类型等）来分析教育情怀自评指数的差异。

1. 自然特征变量：性别/年龄/婚姻状况

对教育情怀自评指数进行方差分析后，发现除在性别（F=4.499，p=0.035）上存在显著性差异外，在年龄（F=1.219，p=0.304）和婚姻状况（F=0.383，p=0.537）上均不具有统计学意义上的显著性差异（表 5-7）。

表 5-7 教育情怀自评指数在毕业生自然特征变量上的差异性

自然特征变量	分组	*M*	*n*	*F*	*p*
性别	男	85.96	38	4.499	0.035
	女	89.81	162		
年龄	22 岁	86.97	11	1.219	0.304
	23 岁	89.33	90		
	24 岁	88.04	73		
	25 岁	91.38	24		

续表

自然特征变量	分组	*M*	*n*	*F*	*p*
年龄	26 岁	100.00	1		
婚姻状况	未婚	88.96	187	0.383	0.537
	已婚	90.76	13		

具体分析教育情怀的四个因子发现，不同性别毕业生在职业情感（F=5.255，p=0.023）、教育信念（F=6.602，p=0.011）上存在显著性差异（图 5-5），除此之外，在职业认同（F=2.124，p=0.147）、职业投入（F=1.050，p=0.307）上均不存在显著性差异。

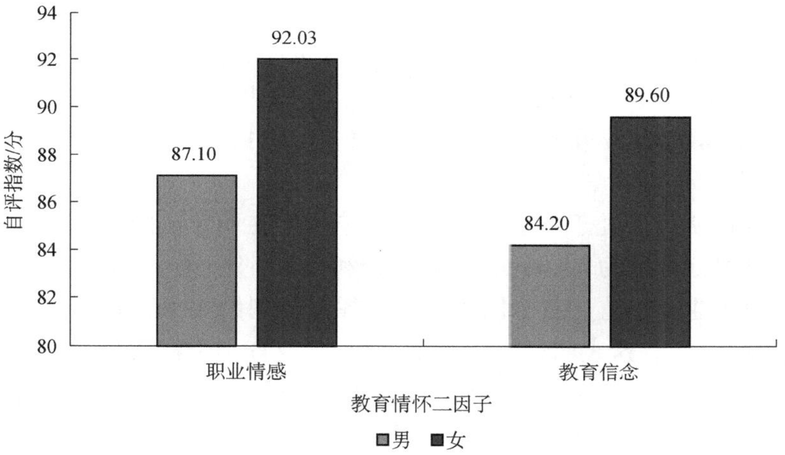

图 5-5　教育情怀二因子在毕业生性别上的差异

方差分析发现，在教育情怀自评指数上，女毕业生的评分（均值为 89.81 分）略高于男毕业生（均值为 85.96 分），且在 0.05 统计水平上显著，这意味着教育情怀自评指数确实存在显著的性别差异。如图 5-5 所示，在职业情感因子上，女毕业生的评分（92.03 分）高于男毕业生的评分（87.10 分）；在教育信念因子上，女毕业生的评分（89.60 分）也高于男毕业生的评分（84.20 分）。总而言之，在教育情怀自评指数上，C 校 2017 届小学教育（全科教师）专业女毕业生的自评得分高于男毕业生。

2. 工作特征变量：居住房屋类型/职位/职称

通过对毕业生问卷的初步分析，我们发现教育情怀自评指数除了在毕业生的职位上存在显著性差异（F=5.712，p=0.004）外，在居住房屋类型（F=0.373，p=0.773）、职称（F=0.587，p=0.557）上均不具有统计学意义上的显著性差异。

表 5-8 教育情怀自评指数在毕业生工作特征变量上的差异

工作特征变量	分组	*M*	*n*	*F*	*p*
居住房屋类型	自有房	88.30	53	0.373	0.773
	租赁房	89.01	55		
	宿舍	89.73	87		
职位	中层管理人员	77.50	8	5.712	0.004
	普通员工	89.54	189		
职称	初级	88.96	135	0.587	0.557
	高级	100.00	1		

具体考察教育情怀四个因子发现，处于不同职位的毕业生除了在职业情感上不存在显著性差异（F=2.868，p=0.059）外，在职业认同（F=3.652，p=0.028）、职业投入（F=4.714，p=0.010）、教育信念（F=6.001，p=0.003）上均存在显著性差异。

如图 5-6 所示，处于中层管理职位的毕业生在职业认同、职业投入、教育信念上的自评分分别为 75.00 分、76.25 分和 75.00 分，均不超过 80 分；而身为普通员工的毕业生在上述三个因子上的自评分分别为 88.80 分、88.14 分和 89.20 分，均超过 85 分。这表明，C 校 2017 届小学教育（全科教师）专业毕业生工作期间展现出对基础教育事业较强的使命感和对教师身份较强的认同感。其中，身为普通员工的毕业生在职业认同、职业投入和教育信念三个方面表现更优。

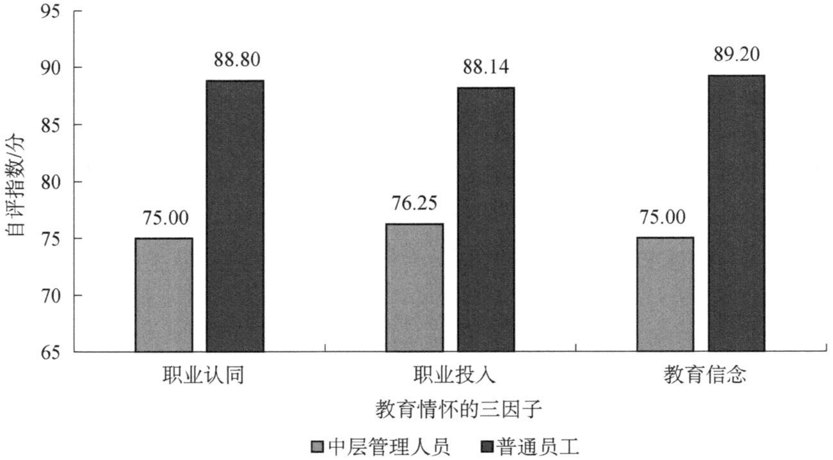

图 5-6 教育情怀三因子在毕业生职位上的差异

四、教育情怀自评指数的影响因素分析

通过相关分析发现，C 校 2017 届小学教育（全科教师）专业毕业生的教育情怀自评指数与其对在校期间所学各项知识技能的满意度有不同程度的显著相关。使用 Stata 15.0 统计软件对其进行方差分析和回归分析，结果显示，毕业生在校期间所学学科专业技能（F=10.292，p=0.000）、现代教育技术（F=14.900，p=0.000）、学科专业知识（F=21.818，p=0.000）、自我反思技能（F=17.393，p=0.000）对其教育情怀自评指数影响显著。而且，整体来看，毕业生对这四项在校期间所学知识技能的满意程度越高，他们的教育情怀自评指数也越高（图 5-7）。

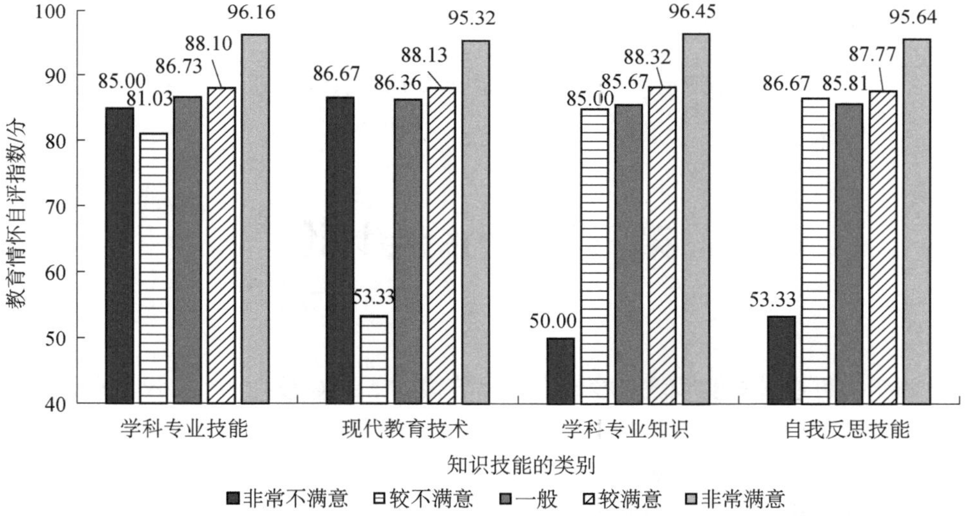

图 5-7　教育情怀自评指数与四项知识技能的学习满意度之间的关系

此外，毕业生的教育情怀自评指数与其对在校期间所参与的各项课内外实训活动的满意度有不同程度的显著相关。使用 Stata 15.0 统计软件对其进行方差分析和回归分析，结果显示，F 值为 15.595，且在 0.001 统计水平上显著，这表明毕业生在校参与的课内外实训活动的有效性水平对其教育情怀自评指数存在显著的影响。具体而言，随着毕业生对其在校参与的课内外实训活动的有效性评价的提升，其教育情怀的自评指数也会随之提高（图 5-8）。

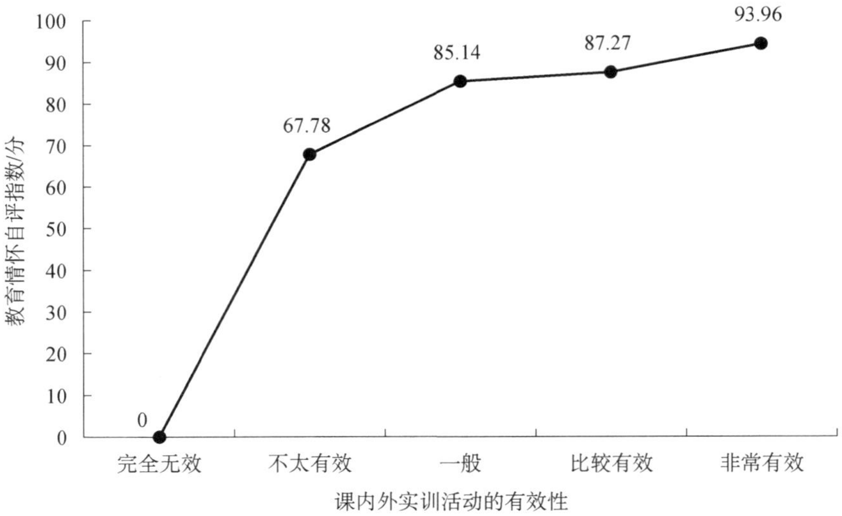

图 5-8 教育情怀自评指数与课内外实训活动有效性评价的关系

第三节 小结与讨论

四年一贯递进式实践教学校地合作培养模式下的 C 校 2017 届小学教育（全科教师）专业毕业生的教育情怀具体表现为：具有从教意愿，认同教师工作的意义和专业性；具有积极的情感、端正的态度、正确的价值观；具有人文底蕴和学科精神，尊重学生人格，富有爱心、责任心，工作细心、耐心，做学生锤炼品格、学习知识、创新思维、奉献祖国的引路人。

一、用人单位对毕业生的教育情怀总体满意度很高

用人单位对 C 校 2017 届小学教育（全科教师）专业毕业生的教育情怀总体满意度很高，且对毕业生在职业认同、职业情感、职业投入、教育信念这四个因子上的满意度均在 90 分以上，但相对来说，他们对毕业生的教育信念满意度较低。另外，C 校 2017 届小学教育（全科教师）专业毕业生的教育信念自评分数相对于其他几个因子来说也比较低，但毕业生自评分数更低的是职业投入。

具体来看，C 校 2017 届小学教育（全科教师）专业毕业生的教育情怀是非常好的，64.9%的用人单位受访者表示非常满意，27.5%的受访者表示较满意，仅有 2.9%的受访者表示不满意，4.7%的受访者表示一般。同时，45.4%的毕业生也认为自己完全具备科学积极的教育信念，52.5%的毕业生认为自己具备一定的科学积极的教育信念，表示不确定与不符合的共 2.0%。由此可以看出，毕业生与用人单位的评分还是有差距的。

根据毕业生问卷数据分析，对职业投入的评分低于 60 分的仅有 1 人；60—79 分的人较少，占比为 6.50%；评分为 80 分的人占比最多，为 38.00%，评分在 90—100 分的人占比达到 56.00%（图 5-9）。这表明，尽管超过一半的毕业生认为自己在教师职业上的投入度较高，但仍有一部分毕业生自我感知到的职业投入水平一般。

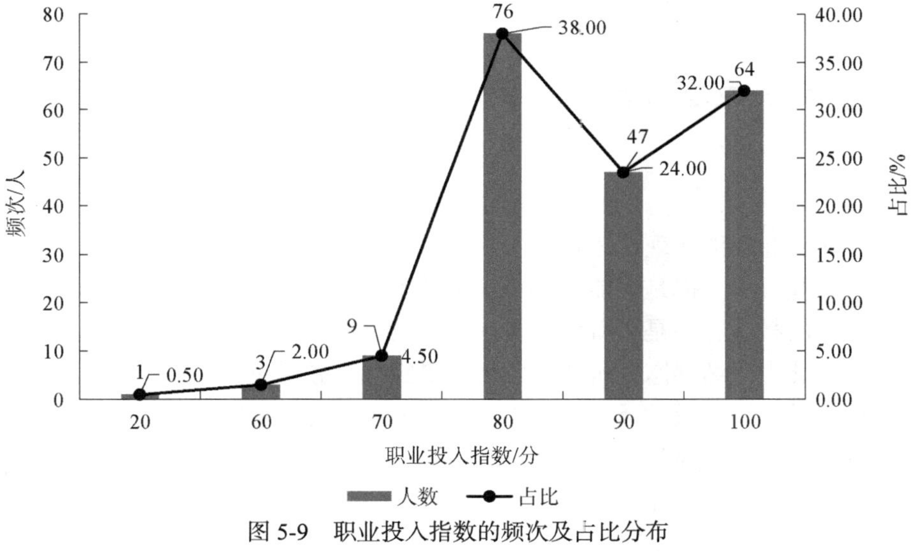

图 5-9 职业投入指数的频次及占比分布

综上所述，C 校 2017 届小学教育（全科教师）专业毕业生的教育情怀表现较优，但在职业投入及教育信念上还有待加强，特别是教育信念，用人单位的评价与毕业生的自评有微小的出入。

二、处于不同职位的毕业生在教育情怀上的表现不同

如图 5-6 可知，相对于作为普通员工的毕业生，作为中层管理人员的毕业生的

教育情怀及其三因子自评指数均较低。首先，处于中层管理职位的毕业生在职业认同（F=3.190，p=0.043）、教育信念（F=3.292，p=0.039）、职业投入（F=6.483，p=0.002）上的自评指数均显著低于作为普通员工的毕业生，这表明职位越高，对教育情怀的消极影响越大。职位越高，除教学工作外的教务管理工作量越大，所要付出的精力也就会越多，这就容易让教师没有足够的精力同时兼顾多项工作，这时就需要进行取舍，如在图 5-6 中体现比较明显的是普通员工的职业投入是 88.14 分，而中层管理人员是 76.25 分。其次，中层管理人员相对于普通员工，工作内容更多元，岗位责任也更大，特别是在任务及责任超过自己所能承受的范围时，中层管理人员会因工作倦怠产生较低的职业认同。最后，教育信念也与职位相关，普通教职员工的工作比较常规，更多的是日常教学工作、班级管理工作或学科教研工作，高密度的教育教学实践行为更易促进他们对教育理念的内化，进而有助于教育信念的强化。

三、自我反思技能、现代教育技术对毕业生教育情怀影响显著

在学科专业技能、现代教育技术、学科专业知识与自我反思技能的学习锻炼过程中，自我反思技能是最能激发毕业生教育情怀的。在教学过程中，教师不仅会反思他们的教学行为是否有助于实现教学目标，也会反思自己是否做到了把对学生知识、能力、情感态度价值观的培养贯穿整个教学过程，还会反思是否创造性地使用了教材，在教学活动中是否注重了与学生的沟通交流，是否尊重了学生的个性差异，是否引导学生进行了思维碰撞等。通过这样的自我反思，教师可以不断培养并促进自身教育情怀的提升。

此外，现代教育技术对教育情怀的影响也非常大。目前，现代教育技术逐渐朝着智能化、多媒体化、网络化的方向发展，为传统教学引入了一系列全新的教学理念。现代教育技术突破了以课本、教师、黑板为中心的知识传授模式，从最基本的黑板、粉笔、文字教材、教具逐渐扩展到投影仪、幻灯机、电视机、有线与无线扩音系统、视频展示台和多媒体计算机设备，将先进的计算机技术、网络技术、远程通信技术、人工智能技术、虚拟现实仿真技术和多媒体技术等引入课堂，将声、文、图、像集合为一体，使课堂教学知识信息来源更丰富，且容量更大，内容更充实更具吸引力，优化了教学过程。因而，现代教育技术成为小学教育（全科教师）专业的重要专业课程之一，且其生动性、多元性、技术性和实用

性等特点，深受小学教育（全科教师）专业学生欢迎。但是在享受现代教育技术给教育教学活动带来便利的同时，一些小学教育（全科教师）专业学生却在现代教育技术使用上存在一些不当之处：多媒体辅助教学与学科知识讲授主次颠倒，限制了自身的临场发挥，影响了学生的一些突发灵感和创造；偏重技术，使用大量的动画、图片等多媒体素材，而轻视思想交流，忽略了对学生的思想教育；等等。这些不当之处的背后是小学教育（全科教师）专业学生对现代教育技术的认识偏差，他们陷入对现代教育技术的盲目崇拜中，过度放大其在教育教学活动中的作用，易造成技术压倒思想的局面，进而在平时的专业学习中，容易偏重现代教育技术这类技术性极强的课程，而轻视教育教学理论、师风师德规范等这类思想性、理论性较强的课程，从而在具体的教育教学实践活动中，形成“重形式，轻思想情怀”的不良结果。

第四节　改进措施与建议

根据上述对C校四年一贯递进式实践教学校地合作培养模式下的2017届小学教育（全科教师）专业毕业生教育情怀的实际调查和统计分析结果，我们提出以下有利于该校及其他高等师范院校提升师范生教育情怀的改进建议。

一、融合多元知识，发挥榜样力量，促进反思学习，激发学生的教育情怀

第一，C校小学教育（全科教师）专业学生的培养方案涉及小学的所有学科，导致大部分学生在入学之初会偏颇地认为小学全科教师就是要教授小学所有科目。其实不然，小学全科教师不是要教授小学所有科目，而是要将所学的知识融入到一堂课中，从而让课程知识更加丰富、多元。从本次毕业生问卷的反馈可以看出，学生希望学校可以更加促进课程的实际化、专业化、实践化。虽然该校注重理论与实践相结合，但是学生的实践机会应多多益善，如可以多一些课堂实训活动，让学生通过参与实训活动将理论转化为实践，进而理解理论知识，并从实践中提高对于专业的认知，激发教育情怀。

第二，发挥榜样的力量，坚守教育情怀。C校可以利用学校广播、宣传栏等，宣扬具有优秀教育情怀的模范教师事例，并且以班级为单位，开展“学榜样，树情怀”的系列活动，通过演讲、讲故事、短剧表演等丰富的形式引导学生学榜样、做榜样，从而更快地激发学生的教育情怀。

第三，促进小学教育（全科教师）专业学生学会自我反思与评价，通过自评对自己的教学进行重建，对自己的教育教学行为进行自我理解、自我超越。教师可以在小学教育（全科教师）专业课程教学中引入多元评价主体，从传统的师范院校教师单一评价转变为师范生自评、师范生之间互评、实践基地带教老师评价和实践基地小学生评价相结合的多元评价体系，同时评价内容也从单一的期末结果评价拓展到师范生课堂活动表现评价、实践活动表现评价和课后自学评价，从而让师范生更加全面地了解自己的学习状况和教育教学技能的掌握情况，为其进行深入的学习反思创造更有利的条件，进而不断修正自己的学习行为，完善自己的教育理念，提升自己的教育情怀。

二、合理应用现代教育技术，培养学生的教育情怀

教师在教学过程中，应该将现代教育技术与教育理念、儿童心理发展规律相结合，甚至采用模拟仿真实验等先进现代教育技术，将教育情怀的思想和行为标准转化为模拟仿真情境下的实训活动，营造真实教学情境，让学生亲身试做，进而感知、体验和践行新时代教师教育情怀。此外，在现代教育技术的教学过程中，教师也应注重强调现代教育技术的人文性原则，时刻谨记“教育的主体是人”，课堂教学中激趣、导学、训练、反馈等每个环节都离不开教师的组织和安排，现代教育技术虽然代替了教师的一些劳动，但不能取代教师课堂教学主导者的角色。因此，教师应秉持新时代教师教育情怀和严谨科学的学术情怀，在课堂教学设计时酌情确定现代教育技术的使用时机、使用方式和使用程度。

三、重视教师基本技能，提升学生的教育情怀

在当今时代，教师不仅需要具备良好的知识技能，还需要具备健全的人格，以及深厚的文化艺术修养。在毕业生问卷中，一些毕业生就提到，虽然“三字一

话”（即钢笔字、毛笔字、粉笔字和普通话）是师范生最基本的入门技能，但在实际教学工作中也是最重要的。《中共中央 国务院关于全面深化新时代教师队伍建设改革的意见》明确要求，强化“钢笔字、毛笔字、粉笔字和普通话”等教学基本功和教学技能训练。这表明，“三字一话”不仅是新时代教师的基本职业素养，而且在现代教育技术蓬勃发展的时代，仍然在学校教育教学工作中起着不可动摇的教育辅助作用。现在有了电脑，可以代替人“写字”，代替人“讲话”了，看起来似乎“三字一话”的作用不如以前了。然而，无论现代教育技术多么重要，它都不可能，也不应该替代教师的“三字一话”。因为教育教学过程是一个师生互动的过程，是一个人际交流的过程，教师写字既是知识的传递，也是情感的传达；教师说话时的语言、表情、神态，是知识讲授和情感价值观培养的重要催化剂。因此，作为教师，写得一手好字，说得一口标准的普通话不仅仅是教学工作的需要，还是内涵修养、综合素质的重要表现，更是提高教学质量的根本起点。C 校在这方面做得很好，有为学生专门开设书法教室和专业课程，但是有些学生的自觉性不高，所以该校应当加强对小学教育（全科教师）专业学生书法考核的重视。

除书法外，普通话也是教师必备技能，C 校对小学教育（全科教师）专业学生的最低要求是普通话二级乙等，这也是毕业标准之一。该校为学生开设了普通话课程，大一的早自习也开设了普通话早自习，由专业的助教带领学生练习，效果非常明显。此外，C 校还设有相关的学习社团，一部分基础薄弱的学生可在社团通过每日诵读打卡、定期诵读比赛等活动，以及社团指导教师和社团负责学生的引导下，循序渐进地提升自己的普通话水平。

四、搭建师范生与教学对象的有效沟通渠道，增强教育情怀

通过四年一贯递进式实践教学校地合作培养模式，C 校小学教育（全科教师）专业学生可以跟与学校对接的小学建立沟通交流关系，享有与教学对象（即小学生群体）亲身接触的机会。例如，根据不同年级设置见习、助教、试做、顶岗机会，增加课外社会实践的“进校率”，增加学生与教学对象的交流。此外，高等师范院校还可以根据自身情况，开展名师讲座或小学教育学生发展报告会等，让一线优秀教育工作者引导学生形成良好的教育情怀，从心理上、行为上做到懂学生、爱学生。通过讲座和实践，学生可以更多地倾听专业指导的声音，多了解小学生的实际发展情况，从而在转变成教师身份的过程中更加顺利，也有利于教育情怀的完善。

第六章

学科素养视角下小学全科教师校地合作培养成效

第一节 观测点剖析

2014年，《教育部关于全面深化课程改革落实立德树人根本任务的意见》发布，强调要研究制订学生发展核心素养体系和学业质量标准，并要求依据学生发展核心素养体系，进一步明确各学段、各学科具体的育人目标和任务，完善中小学课程教学有关标准。学生发展核心素养是学生应具备的，能够适应终身发展和社会发展需要的必备品格和关键能力。发展学生的核心素养，一方面可以落实我国立德树人的教育任务；另一方面可以跟随世界教育改革的趋势，提升我国教育的国际竞争力。而要发展好学生的核心素养，首先教师应当具备良好的学科素养，由此可见，提高教师的学科素养是提高我国教育质量的必要前提。

此外，依据我国《小学教师专业标准（试行）》，小学教师知识包含小学生发展知识、学科知识、教育教学知识和通识性知识四个主要内容。这要求小学教育毕业生具备一定的人文与科学素养，能够掌握主教学科的基本知识、基本原理和基本技能，理解学科知识体系基本思想和方法；了解兼教学科的基本知识、基本原理和技能，并具备一定的其他学科基本知识，对学习学科相关知识有一定的了解；了解学科整合在小学教育中的价值，了解所教学科与其他学科的联系，以及与社会实践、小学生生活实践的联系。因而，在对四年一贯递进式实践教学校地合作培养模式的成效进行考察时，小学全科教师的学科素养将是一个重要的参考因素。

从性质上看，所谓学科素养是从事教学工作的基础素养，是师范生形成教学能力的前提条件[①]，更是检测四年一贯递进式实践教学校地合作培养模式成效的重要组成部分。本次调查，我们从以下两个方面了解C校2017届小学教育（全科教师）专业毕业生的学科素养的情况：通识性知识和学科专业知识。

通识性知识，是指教师拥有的有利于开展有效的教育教学工作的普通文化知识，包括相应的自然科学和人文社会科学知识、中国教育基本情况、艺术欣赏与表现知识、适应性教育内容、现代化的信息技术知识等。

学科专业知识，是指教育者具有的主教学科知识。依据学科专业知识，能够了解知识体系主要构成部分的逻辑关系，掌握知识探究与创新的基本技能和思想方法。

---

① 岳辉，和学新. 学科素养研究的进展、问题及展望[J]. 教育科学研究，2016（1）：52-59.

对此，从理论上，如果 C 校 2017 届小学教育（全科教师）专业毕业生能够掌握通识性知识，拥有学科专业知识，且用人单位在这两个方面对其满意的话，我们就认为在四年一贯递进式实践教学校地合作培养模式下的该校 2017 届小学教育（全科教师）专业毕业生具备了良好的学科素养。

本次调查中，我们设置了“教育理论知识（如教育学、心理学等基础知识）”等五个题器，来考察用人单位对 C 校 2017 届小学教育（全科教师）专业毕业生在通识性知识和学科专业知识两个方面的评价（表 6-1）。1 代表非常不满意，2 代表比较不满意，3 代表一般，4 代表比较满意，5 代表非常满意，五个题器累计记分，分值越高，意味着用人单位对该校毕业生在学科素养上的表现越满意。同时，我们还设置了“我能运用教育理论知识分析和解决教育教学中的问题”等六个题器，来了解 C 校 2017 届小学教育（全科教师）专业毕业生在通识性知识和学科专业知识两个方面的自我评价（表 6-2）。1 代表完全不符合，2 代表比较不符合，3 代表不确定，4 代表比较符合，5 代表完全符合，六个题器累计记分，分值越高，意味着该校毕业生对自己的学科素养评价越积极。综合上述两个方面，如果用人单位越满意且毕业生自我评价越积极，则表明在四年一贯递进式实践教学校地合作培养模式下的 C 校小学教育（全科教师）专业毕业生的学科素养越好，进而可知该模式在师范生学科素养的培养上成效较好。

表 6-1　学科素养满意度的因子构成和题器设置（用人单位问卷）

指标	因子	题器
学科素养	通识性知识	教育理论知识（如教育学、心理学等基础知识）
		常识性知识（如自然科学和人文社会科学的基本常识）
	学科专业知识	学科专业知识（如语数外等学科知识）
		学科专业技能（如唱歌、绘画、跳舞等技能）
		学科教学知识（如教学设计、教学法等）

表 6-2　学科素养自评指数的因子构成和题器设置（毕业生问卷）

指标	因子	题器
学科素养	通识性知识	我能运用教育理论知识分析和解决教育教学中的问题
		我了解学生身心发展的特点及一般规律
	学科专业知识	我有系统的学科专业知识（如语数外等学科知识）
		我有扎实的学科专业技能（如唱歌、绘画、跳舞等技能）
		我能根据不同学科设计教学方案，开展教学活动
		我能在教学中将不同学科知识进行有效融合

第二节　调查数据分析

一、学科素养及其因子的描述性分析

本次调查的两份问卷中，学科素养子量表均由通识性知识和学科专业知识两个因子构成。通过调查用人单位对 C 校 2017 届小学教育（全科教师）专业毕业生工作期间展现出的学科素养的具体态度，我们能够了解用人单位对该校毕业生学科素养的满意程度（简称学科素养满意度）；通过调查该校 2017 届小学教育（全科教师）专业毕业生对自身学科素养的感知，我们还能够了解该校毕业生对自己学科素养的评价（简称学科素养自评指数）。综合两者，我们既可以全面把握该校 2017 届小学教育（全科教师）专业毕业生在学科素养这一指标上的胜任力，还可以了解该校开展的四年一贯递进式实践教学校地合作培养模式在小学教育（全科教师）专业学生的学科素养培养上的成效。

首先，对用人单位问卷中学科素养满意度进行频次分析，结果显示，用人单位对在四年一贯递进式实践教学校地合作培养模式下的 C 校 2017 届小学教育（全科教师）专业毕业生在学科素养方面的满意度为 89.02 分（总分为 100 分），标准差为 16.012 分，呈负偏态分布（图 6-1）。其中，69.3%的用人单位受访者在学科素养满意度的评分上超过了 80 分。这表明，用人单位对该培养模式下的 C 校 2017 届小学教育（全科教师）专业毕业生的学科素养总体满意度较高。

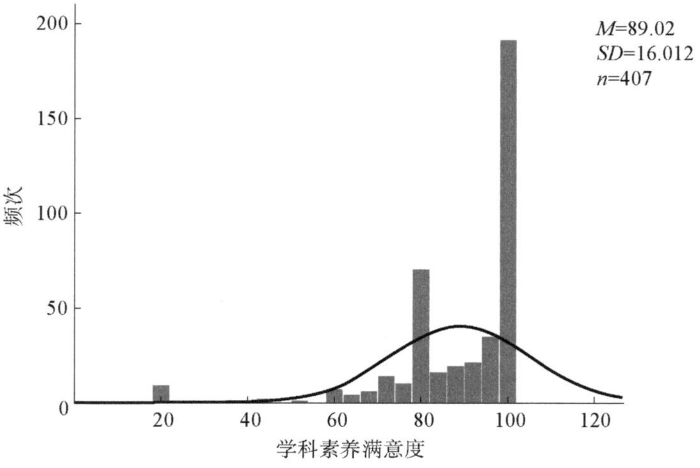

图 6-1　学科素养满意度的频次分布（用人单位问卷）

其次，对毕业生问卷中的学科素养自评指数进行频次分析，结果显示，在四年一贯递进式实践教学校地合作培养模式下的C校2017届小学教育（全科教师）专业毕业生的学科素养自评分数为82.83分（总分为100分），标准差为11.365分，呈负偏态分布（图 6-2）。其中，43%的毕业生在学科素养自我评价的打分上超过了80分。这表明，该模式下的该校2017届小学教育（全科教师）专业毕业生对自己的学科素养评价较高。

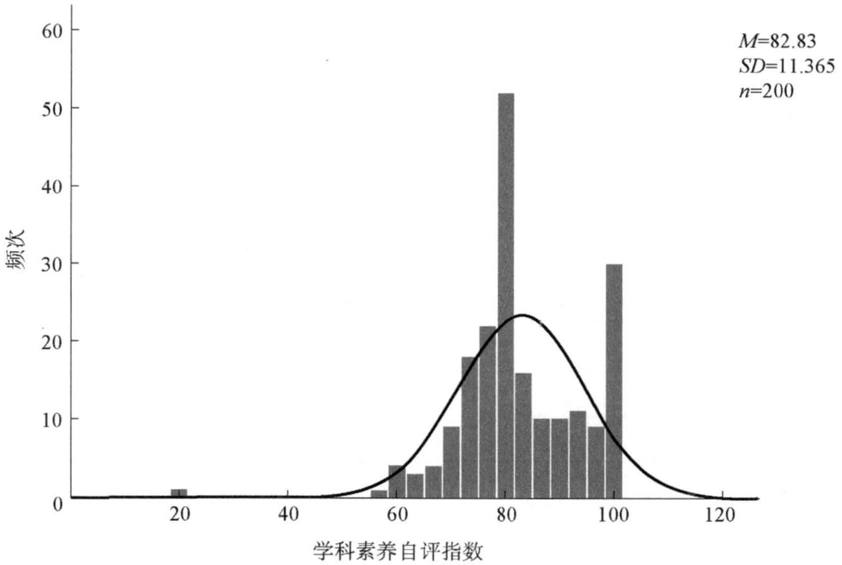

图 6-2 学科素养自评指数的频次分布（毕业生问卷）

综合以上统计结果可知，无论是用人单位对毕业生工作中表现出的学科素养，还是毕业生对自己工作中表现出的学科素养，都评价较高。换言之，四年一贯递进式实践教学校地合作培养模式下的C校2017届小学教育（全科教师）专业毕业生比较了解教育教学的理论和方法，精通所教学科的基础性知识和技能，且能够将其熟练地运用到日常课堂教学和教育管理工作中，与《小学教师专业标准（试行）》所提要求相契合，人岗匹配程度较高，进而认为四年一贯递进式实践教学校地合作培养模式在师范生学科素养的培养方面成效显著。

为进一步了解四年一贯递进式实践教学校地合作培养模式下的C校2017届小学教育（全科教师）专业毕业生在学科素养上的具体表现，我们对该指标的各个因子进行了深入分析。结果发现，比较而言，用人单位对毕业生的通识性知识更满意，评分为89.16分，对其学科专业知识的评分为88.93分（表 6-3）。

表 6-3　学科素养满意度中两因子的总体情况

特征值	通识性知识	学科专业知识
M	89.16	88.93
max	100.00	100.00
min	20.00	20.00
SD	16.35	16.11
总分	100.00	100.00

对通识性知识因子的评分略高于学科专业知识的这种情况在毕业生自评指数上也出现了。通过对毕业生问卷中学科素养两个因子进行频次分析，结果也显示，该校 2017 届小学教育（全科教师）专业毕业生对自己的通识性知识更满意，评分为 83.00 分，对学科专业知识的评分为 82.75 分（表 6-4）。

表 6-4　学科素养自评指数及其两因子的总体情况

特征值	通识性知识	学科专业知识
M	83.00	82.75
max	100.00	100.00
min	20.00	20.00
SD	11.99	11.67
总分	100.00	100.00

另外，与其他学校毕业生相比，C 校 2017 届小学教育（全科教师）专业毕业生在学科专业知识上展现的能力优势，排名第一，被用人单位选中 327 次（表 4-3）。由此可以推断出，用人单位认为该校 2017 届小学教育（全科教师）专业毕业生在学科素养上具有很大的优势。从侧面来讲，该校对 2017 届小学教育（全科教师）专业学生在教育理论知识和学科专业知识的传授上成效显著。

二、用人单位问卷中学科素养满意度的差异性分析

在该部分，我们将通过用人单位受访者的人口学变量（性别、年龄、工龄、工作关系、单位所在区县、单位所在地）来分析用人单位对四年一贯递进式实践

教学校地合作培养模式下的C校2017届小学教育（全科教师）专业毕业生的学科素养满意度的差异。

1. 自然特征变量：性别/年龄/工龄

在对用人单位受访者的自然特征进行初步分析后，我们发现，学科素养满意度在用人单位受访者的性别（F=4.524，p=0.034）和年龄（F=3.354，p=0.010）两个变量上存在显著性差异，而在工龄（F=1.490，p=0.192）这一个变量上不具有统计学意义上的显著性差异（表6-5）。

表6-5 学科素养满意度在用人单位受访者自然特征变量上的差异性

自然特征变量	分组	M	n	F	p
性别	男	87.22	189	4.524	0.034
	女	90.59	218		
年龄	20—29岁	89.81	155	3.354	0.010
	30—39岁	91.09	119		
	40—49岁	88.93	86		
	50—59岁	79.75	32		
	60岁及以上	80.00	1		
工龄	5年及以下	90.84	180	1.490	0.192
	6—10年	87.84	76		
	11—19年	89.12	57		
	20—29年	88.88	59		
	30—39年	81.20	20		
	40年及以上	84.00	1		

（1）学科素养满意度及其二因子在用人单位受访者性别上存在显著差异

根据上文，我们得知，学科素养满意度在用人单位受访者性别上存在显著性差异。具体考察学科素养满意度的两个因子发现，用人单位受访者在毕业生的通识性知识（F=4.361，p=0.037）和学科专业知识（F=4.451，p=0.035）的满意度上也存在显著的性别差异。

如图6-3所示，用人单位中不同性别受访者对该校毕业生的学科素养均较为满意，二者的满意度均值都超过80分，且这种情况也表现在他们对该校毕业生的通识性知识和学科专业知识的满意度上。具体来看，用人单位中的女性受访者对该校毕业生的学科素养满意度高于男性受访者，分值差距为 3.37 分；同样的，这种分值差距也表现在学科素养的两个因子上，用人单位中的女性受访者对该校毕业生的通识性知识和学科专业知识的满意度均高于男性受访者，且分值差距分别为 3.38 分和 3.36 分。

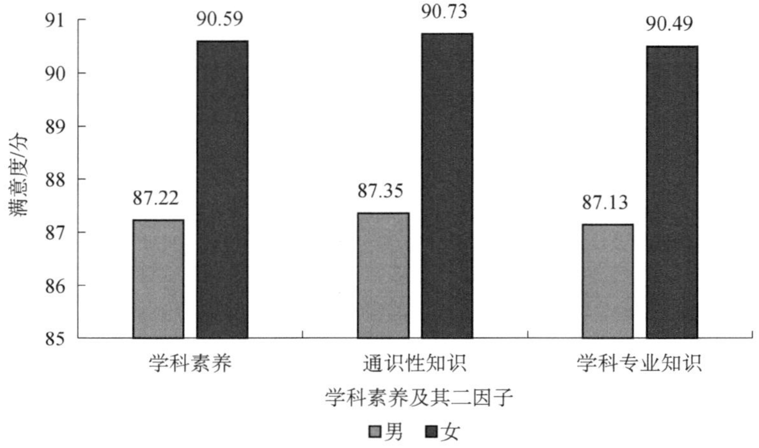

图 6-3　学科素养满意度及其二因子在用人单位受访者性别上的差异性分析

（2）学科素养满意度及其二因子在用人单位受访者年龄上存在显著性差异

具体考察不同年龄段的用人单位受访者在学科素养满意度及其二因子上的差异，我们发现，不同年龄段的受访者不仅在学科素养满意度上存在显著性差异（F=3.354，p=0.010），而且在通识性知识（F=3.429，p=0.009）和学科专业知识（F=3.186，p=0.014）上也存在显著性差异。

如图 6-4 所示，总体来看，30—39 岁的用人单位受访者对该校毕业生学科素养的满意度高于其他年龄段受访者，均值为 91.09 分。进一步分析学科素养的二因子发现，这一现象同样出现在通识性知识和学科专业知识上，即 30—39 岁的用人单位受访者对毕业生的通识性知识和学科专业知识的满意度均高于其他年龄段受访者，均值分别为 91.43 分、90.87 分。同时，处于 50—59 岁的用人单位受访者对毕业生学科素养及其二因子的打分明显低于其他年龄段的受访者，均低于 80 分。此外，通过比较不同年龄段用人单位受访者打出的满意度分值可见，受访者年龄与学科素养满意度及其二因子上的得分呈倒 U 形的发展态势。

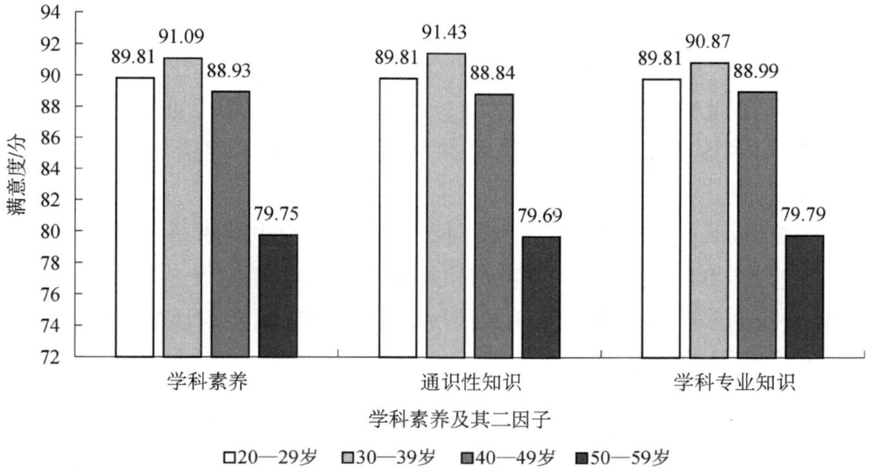

图 6-4 学科素养满意度及其二因子在用人单位受访者年龄上的差异性分析

2. 工作特征变量：工作关系/单位所在区县/单位所在地

对用人单位受访者的工作属性进行分析发现，用人单位受访者对 C 校 2017 届小学教育（全科教师）专业毕业生的学科素养满意度在其工作关系上具有显著性差异（F=5.123，p=0.000），而在单位所在区县（F=1.519，p=0.160）和单位所在地（F=2.255，p=0.106）上不存在显著性差异（表 6-6）。

表 6-6 学科素养满意度在用人单位受访者工作特征变量上的差异性

工作特征变量	分组	M	n	F	p
工作关系	下属	89.20	10	5.123	0.000
	平级同事	90.71	267		
	顶头上司	87.71	98		
	越级上司	86.40	10		
	其他	75.45	22		
单位所在区县	丰都	84.60	73	1.519	0.160
	奉节	91.54	52		
	涪陵	88.00	2		
	开州	93.83	24		
	梁平	89.00	84		
	彭水	91.03	37		
	黔江	86.87	39		
	云阳	91.18	34		
单位所在地	市区	88.52	23	2.255	0.106
	乡镇	89.91	308		
	村	85.58	76		

在对用人单位受访者进行学科素养满意度比较后，我们发现，与毕业生的工作关系不同的受访者，在学科素养满意度上存在显著性差异（F=5.123，p=0.000），且在通识性知识（F=5.883，p=0.000）和学科专业知识（F=4.474，p=0.002）这两个因子上也存在显著性差异，并总体呈现出受访者职位越高，满意度越低的趋势。

如图 6-5 所示，用人单位中的平级同事对该校毕业生的学科素养满意度高于其他群体，均值为 90.71 分；而毕业生的领导（顶头上司和越级上司）的学科素养满意度均低于平级同事和下属。同样的情况，也出现在他们对该校毕业生通识性知识和学科专业知识的满意度评分上。

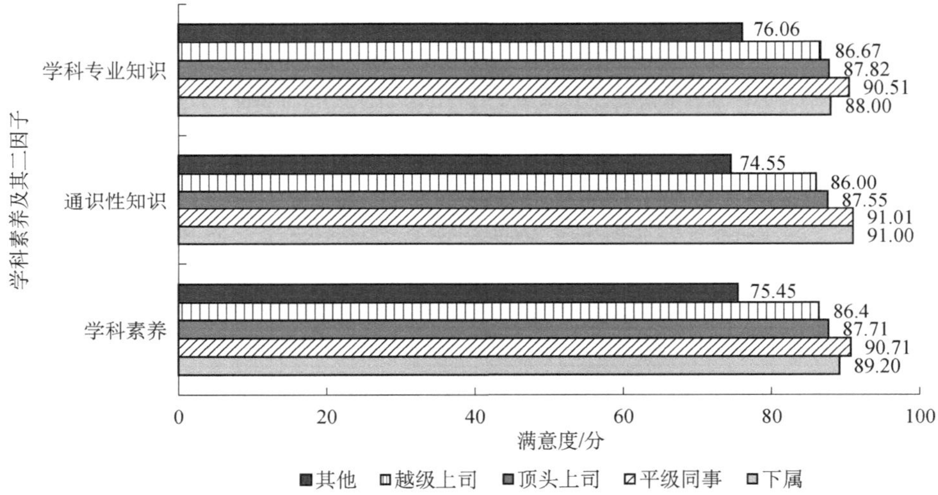

图 6-5 学科素养满意度及其二因子在工作关系上的差异性分析

三、毕业生问卷中学科素养自评指数的差异性分析

在该部分，我们将通过毕业生的人口学变量（性别、政治面貌、在校期间身份、学校所在区县、学校所在地）来分析四年一贯递进式实践教学校地合作培养模式下的 C 校 2017 届小学教育（全科教师）专业毕业生在学科素养上的自评指数的差异，进而推断该模式对学生学科素养的培养成效。

1. 自然特征变量：性别/政治面貌/在校期间身份

在对毕业生自然特征变量初步分析后，我们发现，学科素养自评指数在毕业生在校期间身份（F=5.454，p=0.021）这个变量上存在显著性差异，而在性别

（F=0.836，p=0.362）和政治面貌（F=0.210，p=0.811）两个变量上不具有统计学意义上的显著性差异（表 6-7）。

表 6-7 学科素养自评指数在毕业生自然特征变量上的差异性

自然特征变量	分组	M	n	F	p
性别	男	81.32	38	0.836	0.362
	女	83.19	162		
政治面貌	共青团员	84.41	116	0.210	0.811
	共产党员	83.76	31		
	普通群众	83.21	53		
在校期间身份	学生干部（包括社团干部）	84.91	89	5.454	0.021
	普通学生	81.17	111		

根据表 6-7 可知，在校期间不同身份的毕业生，其学科素养自评指数存在显著性差异（F=5.454，p=0.021），且学生干部的学科素养自评指数显著高于普通学生。具体到学科素养两个因子上，如图 6-6 所示，在校期间担任过学生干部的毕业生的通识性知识和学科专业知识自评指数均高于普通学生。另外，比较通识性知识和学科专业知识的自评指数发现，在校期间担任过学生干部的毕业生在学科专业知识上的自评指数更高，为 85.11 分；且在通识性知识上的自评指数也更高，为 84.49 分。

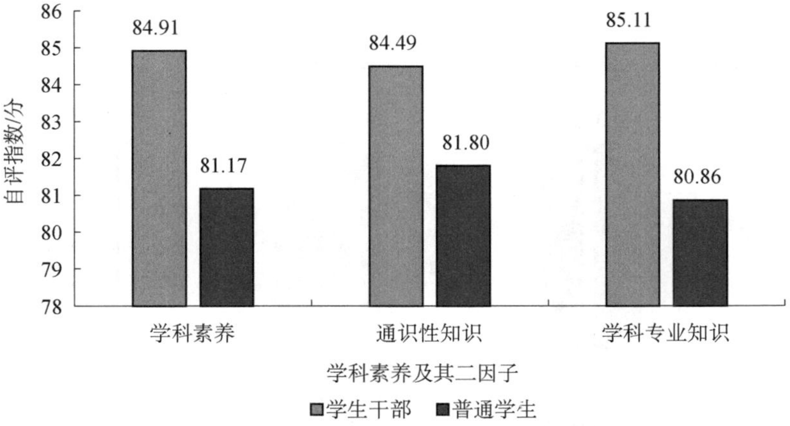

图 6-6 学科素养自评指数及其二因子在毕业生在校期间身份上的差异性分析

2. 工作特征变量：学校所在区县/学校所在地

对毕业生的工作属性进行分析发现，C 校 2017 届小学教育（全科教师）专业毕业生的学科素养自评指数在学校所在地上具有显著性差异（F=4.106，p=0.018），而在学校所在区县上不存在显著性差异（F=1.064，p=0.390）（表 6-8）。

表 6-8 学科素养自评指数在毕业生工作特征变量上的差异性

工作特征变量	分组	M	n	F	p
学校所在区县	丰都	82.22	27	1.064	0.390
	奉节	83.35	34		
	涪陵	70.00	1		
	开州	84.11	30		
	梁平	81.72	29		
	彭水	80.25	27		
	黔江	83.81	21		
	万州	66.67	1		
	云阳	86.33	30		
学校所在地	市区	70.00	3	4.106	0.018
	乡镇	84.00	146		
	村	80.26	51		

本次调查的学校所在地分布于市区、乡镇和村，从数据分析结果来看，学科素养自评指数（F=4.106，p=0.018）及通识性知识（F=4.070，p=0.019）、学科专业知识（F=3.691，p=0.027）因学校所在地不同存在着显著性差异。

如图 6-7 所示，在乡镇小学工作的毕业生对自己的学科素养自评指数最高，评分达到 84.00 分，而在市区小学工作的毕业生的学科素养自评指数相对最低，评分为 70.00 分。这一现象同样出现在通识性知识和学科专业知识二因子上，即在乡镇小学工作的毕业生对自己的通识性知识和学科专业知识的自评指数明显高于在其他区域学校工作的毕业生，评分分别为 84.25 分和 83.87 分。

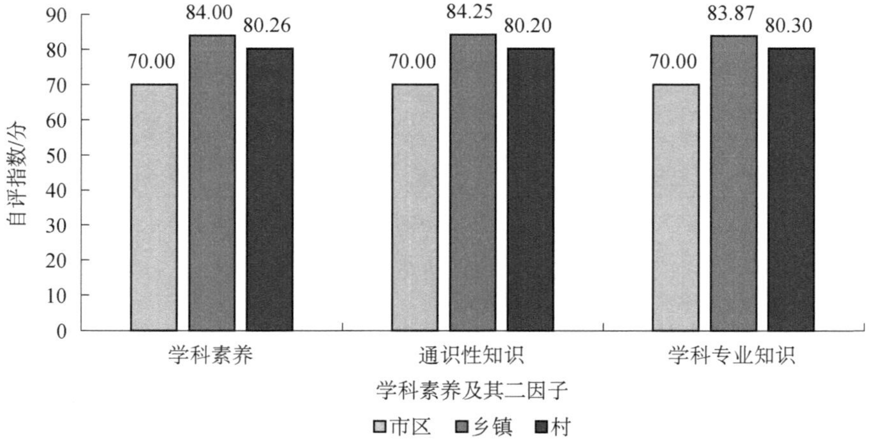

图 6-7 学科素养自评指数及其二因子在单位所在地上的差异性分析

四、学科素养自评指数的影响因素分析

通过相关分析发现，毕业生的学科素养自评指数与其对在校期间所学各项知识技能的满意度有不同程度的显著相关。使用 Stata 15.0 统计软件对其进行逐步回归分析，结果显示，影响 C 校 2017 届小学教育（全科教师）专业毕业生学科素养的因素有通识性知识（F=50.213，p=0.041）、学科整合能力（F=36.871，p=0.000）和学科专业知识（F=37.611，p=0.000）。整体来看，随着毕业生对在校期间通识性知识、学科整合能力和学科专业知识的学习满意度的提升，其对自身学科素养的自评指数也会提高；而当他们不满意在校期间所学的通识性知识、学科整合能力和学科专业知识时，学科素养的自评指数往往较低，均不超过 80 分（图 6-8）。

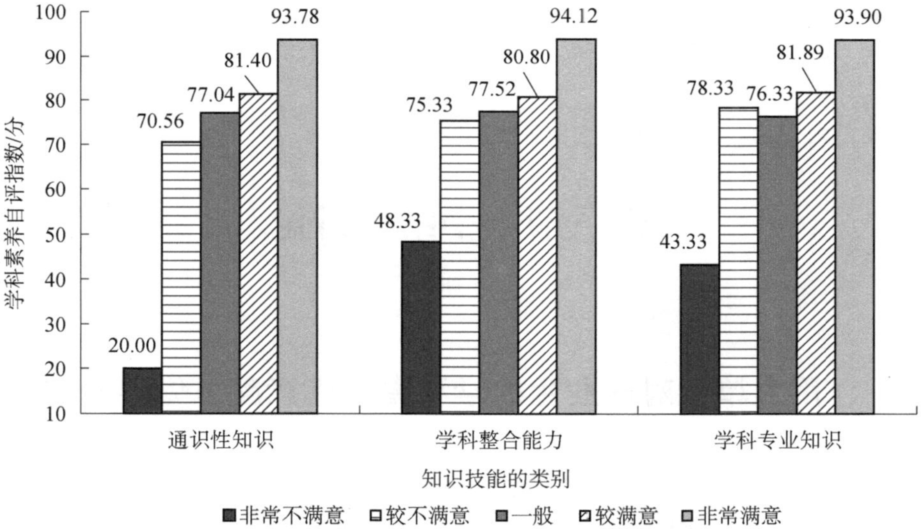

图 6-8　学科素养自评指数与三项知识技能的学习满意度之间的关系

同时，毕业生的学科素养自评指数还与其对在校期间所参与的各项课内外实训活动的满意度有不同程度的显著相关。使用 Stata 15.0 统计软件对其进行逐步回归分析，结果显示，影响 C 校 2017 届小学教育（全科教师）专业毕业生学科素养自评指数的因素有课堂实训活动（F=23.759，p=0.000），提供优秀教师课堂案例视频（F=21.283，p=0.000），见习、助教、试做、顶岗的专业实习活动（F=6.203，p=0.000）。整体而言，随着毕业生对上述三项在校期间参加的课内外实训活动有效性评价水平的提高，其学科素养自评指数也会显著提高。值得注意的是，当毕业

生认为在校期间参与的课堂实训活动和获得的优秀教师课堂案例视频不太有效时，其学科素养自评指数均不超过 60 分（图 6-9）。

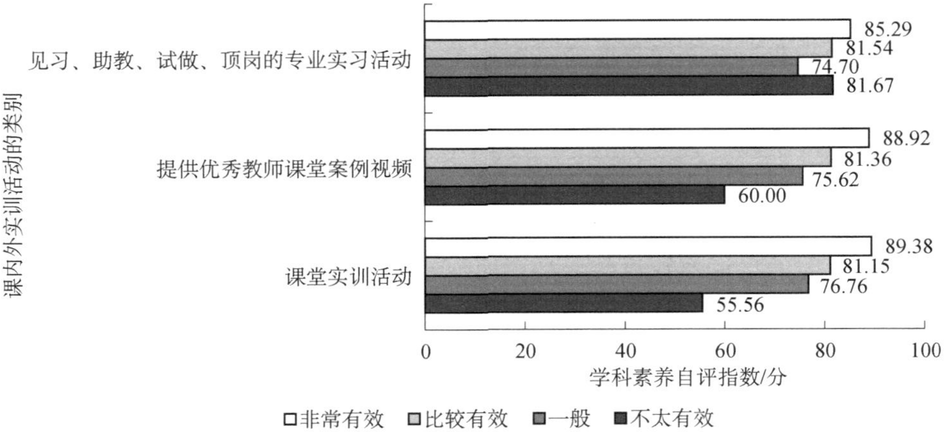

图 6-9 学科素养自评指数与三项课内外实训活动有效性评价之间的关系

第三节 小结与讨论

一、用人单位对毕业生的学科素养满意度总体评价较高

本次调查结果表明，四年一贯递进式实践教学校地合作培养模式下的 C 校 2017 届小学教育（全科教师）专业毕业生在通识性知识和学科专业知识上已经形成了合理的知识结构和较全面的知识储备，在学科素养上的得分已经达到了该校规定的毕业要求，且用人单位对该校毕业生的学科素养总体上是较为满意的。分别考察学科素养的二因子发现，相比学科专业知识，用人单位对毕业生通识性知识的满意度更高。虽然用人单位对该校毕业生学科素养满意度较高，但是剖析学科专业知识的题器发现，用人单位对该校 2017 届小学教育（全科教师）专业毕业生在学科专业技能上的满意度为 87.27 分，说明毕业生的学科专业技能还有较大的提升空间（图 6-10）。

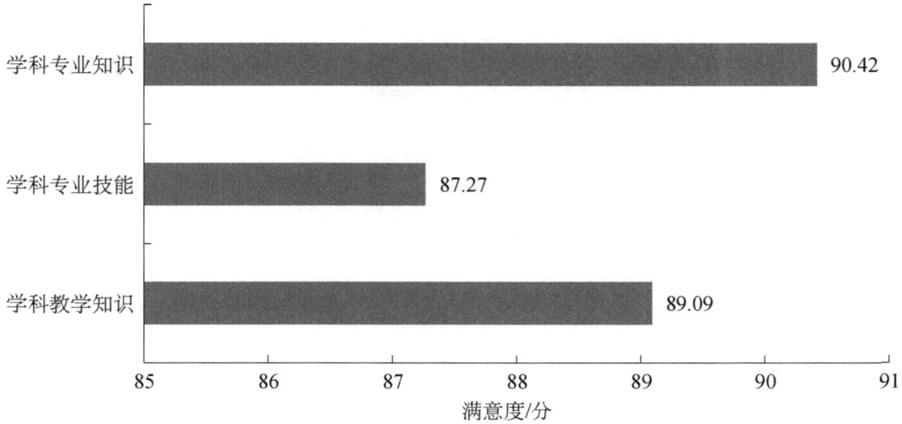

图 6-10　学科专业知识中三个题器的均值比较（用人单位问卷）

首先，具体分析用人单位问卷中的学科专业技能的题器“学科专业技能（如唱歌、绘画、跳舞等技能）”时发现，54.50%的受访者对该校 2017 届小学教育（全科教师）专业毕业生的学科专业技能表示非常满意，33.70%的受访者表示较满意（图 6-11）。

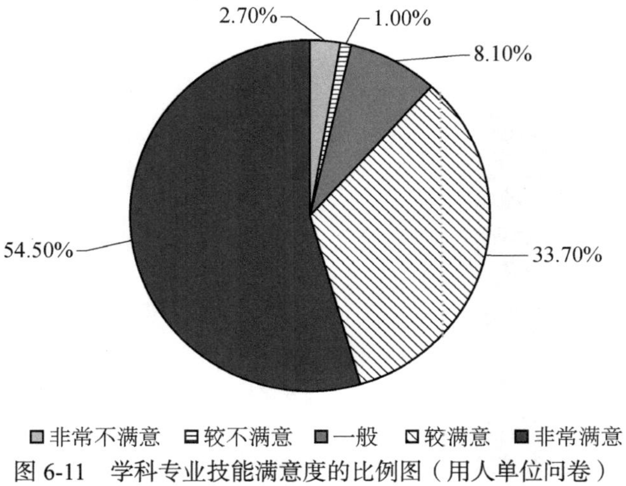

图 6-11　学科专业技能满意度的比例图（用人单位问卷）

其次，具体分析毕业生问卷中学科专业技能的题器“我有扎实的学科专业技能（如唱歌、绘画、跳舞等技能）”时发现，27.00%的毕业生对自己是否具备扎实的学科专业技能处于不确定的状态，46.50%的毕业生认为较符合，只有 23.00%的毕业生认为完全符合，所占比例相对较低（图 6-12）。

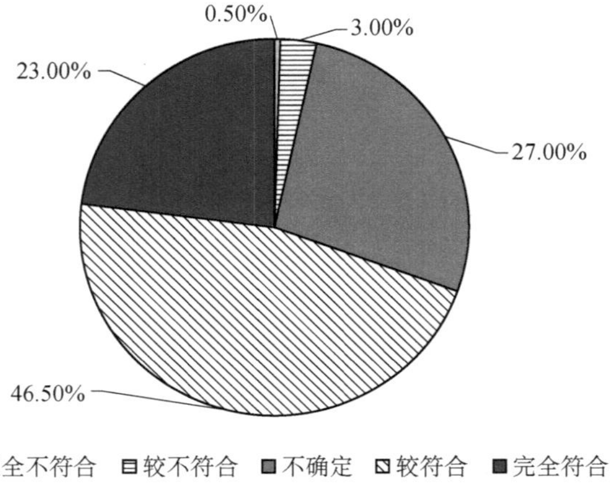

图 6-12　学科专业技能自评指数的比例图（毕业生问卷）

最后，用人单位认为 C 校毕业生与其他学校毕业生相比，在学科专业知识上占据很大的优势，排名第一。但我们统计用人单位问卷中的题器“针对 C 校小学教育（全科教师）专业毕业生工作中的实际表现，您认为还有哪些欠缺和不足？”时发现，有 29 名受访者认为该校毕业生在专业知识和专业技能上有所欠缺，有 10 名受访者认为该校毕业生在音体美教学能力上有所欠缺（图 6-13）。

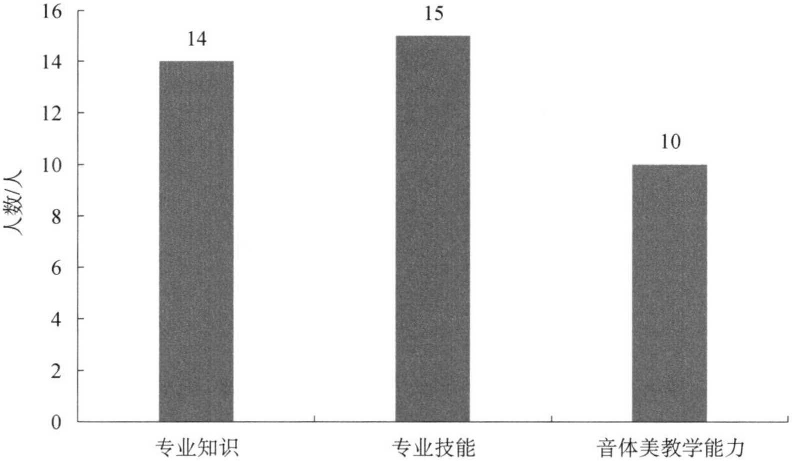

图 6-13　毕业生在三项学科专业知识上存在欠缺的人数分布（用人单位问卷）

由此可见，虽然 C 校 2017 届小学教育（全科教师）专业毕业生学科素养的各个指标都达到了毕业要求，但是用人单位和毕业生都普遍认为在专业知识和专业技能上的培养有待改进，这说明该校四年一贯递进式实践教学校地合作培养模式虽然力求锻炼小学教育（全科教师）专业学生的全科知识和教学能力，但是在强化学生音体美教学能力的同时，其他教育专业知识和专业技能还有进步的空间。

二、平级同事的满意度最高，越级上司的满意度相对较低

根据调查数据，平级同事对C校2017届小学教育（全科教师）专业毕业生的学科素养满意度最高，而越级上司对毕业生的学科素养满意度较低，且整体呈现出随着级别增高，满意度降低的趋势。在用人单位受访者整体对该校2017届小学教育（全科教师）专业毕业生的学科素养满意度较高的情况下，不同受访者对其学科素养满意度呈现出如此差异，一方面可能源自毕业生刚刚进入工作岗位，对工作环境、工作岗位和单位组织文化均处于适应期，作为职场新人，他们在工作中更多的是平级沟通，较少进行向上沟通；另一方面可能源自用人单位内部的沟通渠道较为单一，或用人单位所设置的向上沟通渠道的使用效率不高。

三、在校期间担任过学生干部的毕业生的学科素养自评指数明显高于普通学生

首先，根据上述数据分析可知，在校期间担任过学生干部（包括社团干部）的毕业生的学科素养及其二因子的自评指数都显著高于普通学生。为什么会出现这一现象，我们认为有以下几点原因：第一，相比较而言，学生干部往往对自己持有较高的学习期望，学习自尊也相对较高，这样的内驱力会促使他们在知识学习和教育实践中更加积极，进而在学科素养的培养上也更具优势。第二，据访谈所知，C校小学教育（全科教师）专业所开设的GSP综合素质拓展平台每学年都会定期举办一系列的教师专业知识与技能的实训活动，而这些活动更多都是在专业教师的指导下由学生干部具体执行和开展的。因而，在实训活动方案的设计、执行和反思的过程中，学生干部的学科专业知识与技能能够得到更大程度的锻炼，学科素养得以较大提升。

其次，通过整理“针对教师工作所需的知识与技能，您对大学期间通过学校学习所能掌握的程度是否满意？”下的五个题器“学科专业知识（如语数外等学科知识）、学科专业技能（如唱歌、绘画、跳舞等技能）、教育理论知识（如教育

学、心理学等基础知识）、学科教学知识（如教学设计、教学法等）和通识性知识（如自然科学和人文社会科学的基本常识）”时发现，学生干部在这五个方面的波动程度不大，较为平稳，而普通学生的波动程度较大，尤其是在学科专业技能上（图 6-14）。综合比较发现，一方面是学生干部在学科专业技能方面比普通学生具有优势；另一方面是普通学生在教育理论知识、学科专业知识和学科教学知识上的自评指数优于学生干部。之所以有如此差异，或许与学生干部和普通学生在知识习得的方式上存在一定差异有关。大学期间，普通学生更多是通过课堂听课、课外图书馆自学等方式获取知识，而学生干部则因会参与组织筹划课内外实践活动而有更多机会通过亲身实践来获取知识。因而，大学期间身份为普通学生的 C 校小学教育（全科教师）专业毕业生对其理论性知识（如教育理论知识、学科专业知识和学科教学知识）更有自信，而在校期间身份为学生干部的毕业生则对其实践性知识（如学科专业技能和通识性知识）更自信。

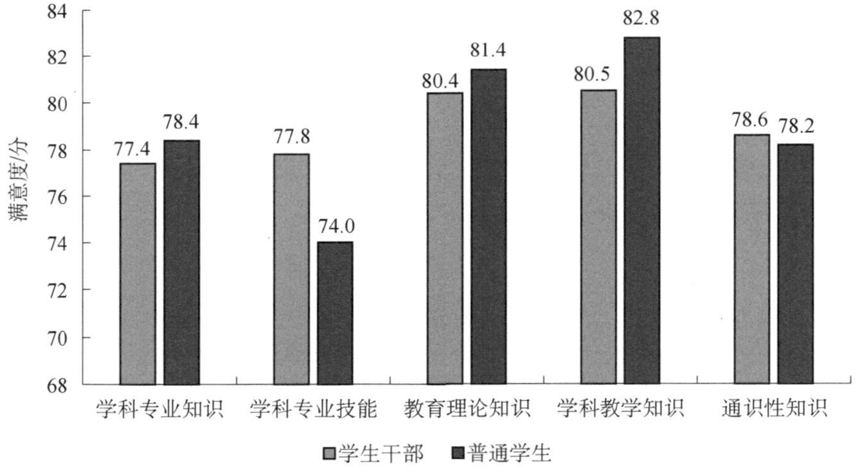

图 6-14　在校期间涉及学科素养的满意度在学生身份上的差异（毕业生问卷）

四、知识技能与课内外实训活动对学科素养能力的影响

1. 通识性知识、学科专业知识和学科整合能力对毕业生学科素养能力有显著影响

考察毕业生学科素养自评指数与其对在校期间所学各项知识技能满意度之间的关系，我们有如下发现：第一，通识性知识、学科专业知识和学科整合能力对

毕业生学科素养自评指数有不同程度的影响，且都呈显著正相关。但是仔细观察数据可知，通识性知识对学科素养自评指数的影响最大，其次是学科整合能力，最后是学科专业知识。这表明丰富学生的通识性知识更能够提升学生对其学科素养的自我评价。第二，学生的学科素养自评指数与学科知识也是密不可分的，表现为学生的学科素养自评指数伴随着他们对自己的通识性知识、学科专业知识和学科整合能力的满意程度的上升而上升。

2. 课堂实训活动、优秀教师课堂案例视频和专业实习活动对毕业生学科素养能力有显著影响

考察毕业生学科素养自评指数与其对在校期间所参与的各项课内外实训活动的满意度之间的关系，我们有如下发现：第一，课堂实训活动，提供优秀教师课堂案例视频和见习、助教、试做、顶岗的专业实习活动对毕业生学科素养自评指数有不同程度的影响，且都呈显著正相关。但是仔细观察数据可知，课堂实训活动对学科素养的影响最大，其次是提供优秀教师课堂案例视频，最后是见习、助教、试做、顶岗的专业实习活动。这说明多参加课堂实训活动更加有助于学科素养能力的提升。第二，学科素养与实践活动也是密不可分的，表现为整体上学生的学科素养自评指数伴随着对课堂实训活动，提供优秀教师课堂案例视频和见习、助教、试做、顶岗的专业实习活动的满意程度的上升而上升。

第四节　改进措施与建议

根据上述对 C 校四年一贯递进式实践教学校地合作培养模式在师范生学科素养上的培养成效调查结果，我们得出以下改进建议。

一、加强培养学生艺术学科的教学能力

根据调查结果，不仅部分用人单位表示 C 校 2017 届小学教育（全科教师）专业毕业生在音体美等学科上的教学能力欠佳，而且部分毕业生也表示自己对音体美等学科知识掌握得不到位。可见，该校小学教育（全科教师）专业培养方案中

要求开设的艺体类课程还不能完全满足一线小学艺体教育教学需求，不论是学生的艺体类专业学科知识，还是小学音体美学科教学技能都急需进一步提高。

虽然 C 校开设了声乐、键盘、队列队形、舞蹈等艺术课程，但是学习内容与实际的小学教学工作内容还存在一定差距。因此，首先，学校需要对已开设的艺术学科课程内容进行优化，以满足一线教学所需；其次，学校可适当增加艺术课程的课时，加强学生在艺术学科上的专业能力；最后，开设艺术学科选修课，让部分对这方面感兴趣的学生能够更加深入地学习。

在过去的学科课堂教学中，教师常常将自己视为课堂的中心，忽略了学生的个人意愿，只从学生的学习成绩出发给学生灌输教学知识。长此以往，课堂只会变成“一言堂”，学生容易对学习学科知识产生抗拒心理，从而对学科素养的发展造成阻碍。而有效的学科教学离不开师生互动、生生互动等交互环节，只有在交互过程中，教师的隐性实践性知识才能透过答疑、行为示范、辩论等方式显性化，进而学生才能获得完整的学科素养培养，而非仅仅对教条式知识碎片进行识记。所以，在学科教学中，教师应当重视互动学习，积极创设活动情境，给学生营造轻松愉悦的学习氛围。例如，可以试着让学生上一次课，并和学生一起对此次课做一个评价和反馈。如此，学生的课堂学习压力会减轻，对课堂的直观感受也会发生一定的改变。

二、深化心理学课程，更加重视心理学的学习

教育的对象是学生，教师在进行教学活动前要了解学生的情况，包括了解他们的年龄特点、文化环境、家庭背景、思维方式等。从调查结果来看，部分毕业生表示自己对学生的身心特征不够了解，这样就会导致不能很好地适应教学工作，并且一部分毕业生明确提出学校可适当增加心理学课程的学习课时，扩展心理学课程知识的深度与广度。可见，目前 C 校小学教育（全科教师）专业所开设的心理学课程内容尚不饱和，还可进行改进。因此，首先，对于已开设的心理学课程，可增加教学方式的多样性和课程考核方式的多元性；其次，授课老师应向学生强调学习这门课程的重要性，并结合一些实际教学案例为学生讲解心理学的独特之处。这样不仅能够引起学生的重视，还能让他们更好地了解心理学对基础教育的重要性。

三、注重课程专业性，培养专业化人才

从调查结果来看，有部分毕业生表示每个学生应当培养自己的一技之长，选择自己有意向发展的课程，而不是面面俱到结果却浮于表面。小学全科教师并不是所有学科都能胜任，而是体现在“一专多能”上，能在一门主教学科中融入其他学科知识，这才是小学全科教师该有的能力。因此，首先，学生在入学一年后，可根据自身情况选择一门主教学科；其次，在此基础上，学校安排专业老师进行授课，加强学科专业知识的学习；再次，促进学生将多门学科的特点融入其主教学科的教育教学活动；最后，在主教学科上实行知识模块测评制，即在每个知识模块学习完之后，对学生进行知识与技能的整体测试，以起到巩固知识的作用。

第七章

教学能力视角下小学全科教师校地合作培养成效

第一节 观测点剖析

随着义务教育新课标的不断推进和教学改革的不断深入，我国提出了卓越教师培养计划，旨在解决师资队伍薄弱等问题。相较于一般的普通教师，卓越教师具备较高的职业能力、综合素质、学习能力、审辩能力和创新精神，有自己创造性的、独特的见解，能熟练地将先进的教育思想运用于教育教学中，能更好地培育学生，从而在教育教学能力、教师科研创新能力、教学课堂管理能力等方面均有着卓越表现。卓越教师的核心素养是“素养为本”，这是育人时代的实践产物，它将“为何教”（教育目标的价值取向）、“教什么”（教育内容的设计选择）、“如何教”（教育方式的实现维度）与新时代发展的需求有机耦合起来，进而构成一个整体结构体系。由此可见，教师的教学能力是衡量卓越教师的一个重要依据。此外，依据我国《小学教师专业标准（试行）》可知，良好的教育教学设计能力、教育教学活动的组织与实施能力是小学教师必备的专业技能。教师的教学能力是教学质量的枢纽，同时也是教师角色以及教师地位的核心因素。教学能力能够影响课堂教学的效率和教学质量，也会影响新课程改革的顺利进行。因此，在对四年一贯递进式实践教学校地合作培养模式的成效进行考察时，小学全科教师的教学能力将是一个重要的参考因素。

教学能力，指的是教师从事教学工作、开展教学活动所必备的能力，它是多种能力的组合。[①]同时，教学能力也是体现教师是否胜任教学工作的关键能力，更是检测小学全科教师校地合作培养成效的重要组成部分。本次调查中，我们从以下四个方面了解 C 校 2017 届小学教育（全科教师）专业毕业生的教学能力：教学设计能力、现代信息技术运用能力、教学创新能力和教学评价能力。

教学设计能力，是教师在备课过程中，应用系统方法分析教学问题，确定教学目标，设计解决问题的步骤，选择相应的教学策略的能力。[②]

现代信息技术运用能力，是教师借助投影仪等各种多媒体手段，将教学内容生动、形象地呈现给学生，以及对互联网资源的探索、收集和利用的能力。

---

① 石洁.基于课堂观察的小学初任教师教学能力发展研究[D]. 西南大学硕士学位论文，2016.

② 王韫红.小学教师教学能力的学校影响因素及促进策略研究[D]. 广州大学硕士学位论文，2012.

教学创新能力，是教师超越现有教学内容材料、方式方法与手段条件，以新颖的、与众不同的教学方式与手段，高水平完成教学任务的能力。①

教学评价能力，是利用多种技术手段收集信息，依据一定的标准对教师设计、组织的教学过程及其结果进行测量、分析与评定的能力。本次调查中的教学评价能力特指教师对学生的学业评价。

综上所述，如果教师在教学中能够设计教学，能够运用现代信息技术进行教学，能够进行教学上的创新并且合理地开展教学评价，我们就认为教师具备了较强的教学能力，进而认为四年一贯递进式实践教学校地合作培养模式的成效较强。

本次调查中，我们设置了“分析教材的能力”等八个题器，来考察用人单位对 2017 届小学教育（全科教师）专业毕业生在教学设计能力、现代信息技术运用能力、教学创新能力和教学评价能力四个方面的评价（表 7-1）。1 代表非常不满意，2 代表比较不满意，3 代表一般、4 代表比较满意、5 代表非常满意，八个题器累计记分，分值越高，意味着用人单位对该校毕业生的教学能力越满意。同时，我们还设置了“我能针对不同的课程进行教学设计”等七个题器，来了解 2017 届小学教育（全科教师）专业毕业生对自己在教学设计能力、现代信息技术运用能力、教学创新能力和教学评价能力四个方面的评价（表 7-2）。1 代表完全不符合，2 代表比较不符合，3 代表不确定，4 代表比较符合，5 代表完全符合，七个题器累计记分，分值越高，意味着该校毕业生对自己的教学能力评价越积极。综合上述两个方面，如果用人单位越满意且毕业生自我评价越积极，则表明在四年一贯递进式实践教学校地合作培养模式下 C 校小学教育（全科教师）专业毕业生的教学能力水平越高，进而可知该模式在师范生教学能力的培养上成效较好。

表 7-1　教学能力满意度的因子构成和题器设置（用人单位问卷）

指数	因子	题器
教学能力	教学设计能力	分析教材的能力
		独立备课和上课的能力
		教学设计的能力
	现代信息技术运用能力	信息技术辅助教学的能力
	教学创新能力	教学研究和创新能力
		学科整合的能力（如语文课中融合音乐和美术知识）
	教学评价能力	把握学生学情的能力
		学生课业测量与评价的能力

① 游旭群，王振宏.教师教学创新能力及其发展[J].当代教师教育，2013，6（2）：1-4，11.

表 7-2 教学能力自评指数的因子构成和题器设置（毕业生问卷）

指数	因子	题器
教学能力	教学设计能力	我能针对不同的课程进行教学设计
		我能根据教学设计圆满完成教学任务
		我能根据教学目标独立设计相应的教育测量方案
		我能依据课程标准分析教材，准确提取教学重难点知识
	现代信息技术运用能力	我能将现代信息技术（如多媒体、互联网等）运用在教学中
	教学创新能力	我能够独立进行课程研发和创新
	教学评价能力	我能根据学生的考试成绩与平时表现，对学生的学业情况进行准确评价

第二节 调查数据分析

一、教学能力及其因子的描述性分析

本次调查的两份问卷中，教学能力子量表均由教学设计能力、现代信息技术运用能力、教学创新能力和教学评价能力四个因子构成。通过调查用人单位对 C 校 2017 届小学教育（全科教师）专业毕业生工作期间展现的四个教学能力的具体态度，我们能够了解用人单位对该校毕业生教学能力的满意程度（简称教学能力满意度）；通过调查该校 2017 届小学教育（全科教师）专业毕业生对自己教学能力的感知，我们还能够了解该校毕业生对自己教学能力的评价（简称教学能力自评指数）。综合两者，我们既可以全面把握该校 2017 届小学教育（全科教师）专业毕业生在教学能力这一指标上的胜任力，还可以了解该校开展的四年一贯递进式实践教学校地合作培养模式在小学教育（全科教师）专业学生的教学能力培养上的成效。

首先，对用人单位问卷中的教学能力满意度进行频次分析。结果显示，用人单位对 C 校 2017 届小学教育（全科教师）专业毕业生在教学能力方面的满意度为 88.39 分（总分为 100 分），标准差为 16.188 分，呈负偏态分布（图 7-1）。69.8% 的用人单位受访者对该校毕业生的教学能力满意度打分超过 80 分。这表明用人单位对该校 2017 届小学教育（全科教师）专业毕业生的教学能力满意度较高。

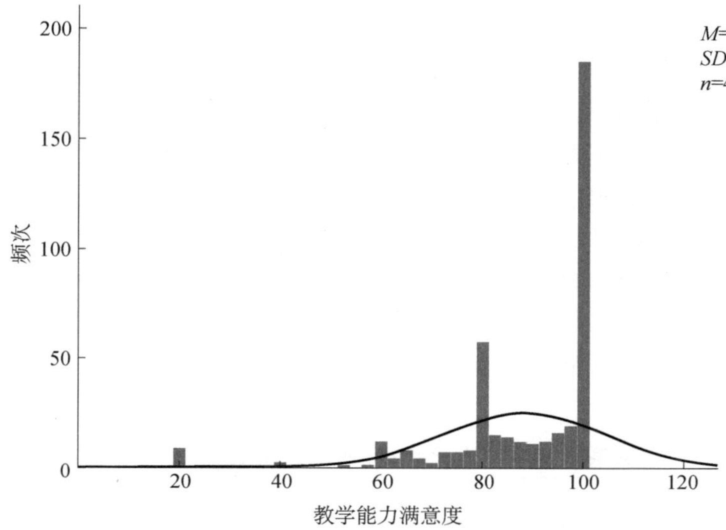

图 7-1　教学能力满意度的频次分布（用人单位问卷）

其次，对毕业生问卷中的教学能力自评指数进行频次分析，结果显示，该校 2017 届小学教育（全科教师）专业毕业生对自己的教学能力的评分为 83.46 分（总分为 100 分），标准差为 10.811 分，呈负偏态分布（图 7-2）。47%的毕业生的教学能力自评分数超过 80 分。这表明该校 2017 届小学教育（全科教师）专业毕业生对自身的教学能力评价较高。

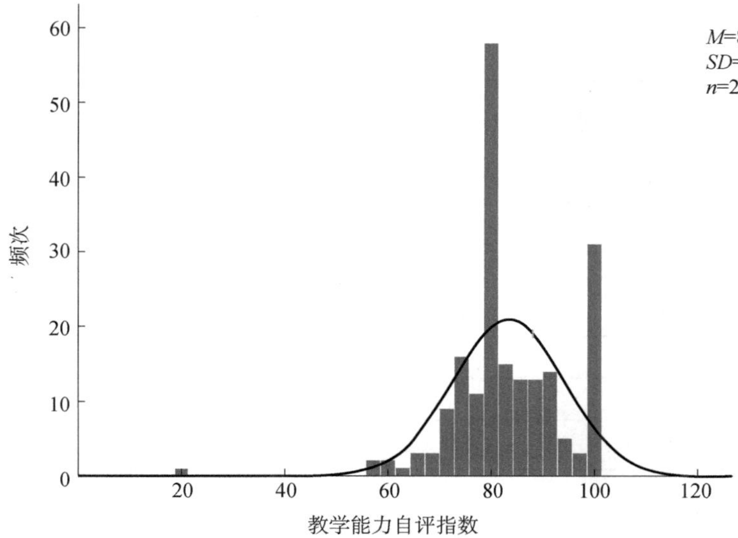

图 7-2　教学能力自评指数的频次分布（毕业生问卷）

综合以上两个方面的统计结果可知，无论是用人单位对毕业生工作中表现出的教学能力，还是毕业生对自己工作中表现出的教学能力，都评价较高。换言之，四年一贯递进式实践教学校地合作培养模式下的 C 校 2017 届小学教育（全科教师）专业毕业生在教学工作中表现出了较高的教学工作胜任力，能够独立研读教材与从事具体教学活动，较准确地把握小学生学习情况和个性特点，人岗匹配程度较高。

为了进一步了解该校 2017 届小学教育（全科教师）专业毕业生在教学能力的具体表现，我们对该指标的各因子进行了深入分析。结果发现，用人单位对该校毕业生的现代信息技术运用能力最为满意，评分高达 90.12 分，其次是教学设计能力和教学评价能力，评分均为 88.16 分；最后是教学创新能力，评分为 87.57 分（表 7-3）。

表 7-3　教学能力满意度中四因子的具体情况

特征值	教学设计能力	现代信息技术运用能力	教学创新能力	教学评价能力
M	88.16	90.12	87.57	88.16
max	100.00	100.00	100.00	100.00
min	20.00	20.00	20.00	20.00
SD	16.62	16.36	16.95	16.62
总分	100	100	100	100

通过进一步对毕业生问卷中教学能力四个因子进行频次分析，结果显示，该校 2017 届小学教育（全科教师）专业毕业生对自己的现代信息技术运用能力评价最高，评分为 90.00 分；其次是教学评价能力，评分为 84.50 分；再次是教学设计能力，评分为 83.33 分；最后是教学创新能力，评分为 76.40 分（表 7-4）。

表 7-4　教学能力自评指数中四因子的具体情况

特征值	教学设计能力	现代信息技术运用能力	教学创新能力	教学评价能力
M	83.33	90.00	76.40	84.50
max	100.00	100.00	100.00	100.00
min	20.00	20.00	20.00	20.00
SD	11.21	12.03	16.98	13.37
总分	100.00	100.00	100.00	100.00

由此可见，四年一贯递进式实践教学校地合作培养模式下的 C 校 2017 届小学教育（全科教师）专业毕业生将现代信息技术运用于教学活动中的能力较强，教

学设计和教学评价能力也不错，但教学创新能力还有提高的空间。

另外，与其他学校毕业生相比，C 校毕业生在教学基本技能上占有绝对优势，被选中 325 次，排名第二；信息技术辅助教学能力也较强，被选中 238 次，排名第五。显然，与其他学校毕业生相比，该校毕业生在这两项能力上占有绝对优势。而教学研究能力被选中 213 次，排名第十。由此可以看出，与前两项能力相比，该校毕业生在教学研究能力上还不具有绝对竞争力（表 4-3）。

二、用人单位问卷中教学能力满意度的差异性分析

在该部分，我们将通过用人单位受访者的人口学变量（性别、年龄、工龄、政治面貌、人际关系、单位所在区县、单位所在地）来分析用人单位对 C 校 2017 届小学教育（全科教师）专业毕业生教学能力满意度的差异。

（一）自然特征变量：性别/年龄/工龄/政治面貌

对用人单位受访者的自然特征变量进行方差分析后，我们发现，教学能力满意度在性别（F=6.689，p=0.010）、年龄（F=3.897，p=0.004）和政治面貌（F=4.983，p=0.007）这三个变量上存在显著性差异，而在工龄（F=1.766，p=0.119）这一变量上不具有统计学意义上的显著性差异（表 7-5）。

表 7-5　教学能力满意度在用人单位受访者自然特征变量上的差异性

自然特征变量	分组	M	n	F	p
性别	男	86.18	189	6.689	0.010
	女	90.31	218		
年龄	20—29 岁	89.19	155	3.897	0.004
	30—39 岁	90.84	119		
	40—49 岁	88.11	86		
	50—59 岁	78.36	32		
工龄	5 年及以下	90.25	180	1.766	0.119
	6—10 年	87.27	76		
	11—19 年	88.95	57		

续表

自然特征变量	分组	*M*	*n*	*F*	*p*
工龄	20—29 年	88.22	59	1.766	0.119
	30—39 年	80.13	20		
	40 年及以上	72.50	1		
政治面貌	共青团员	90.13	77	4.983	0.007
	共产党员	85.51	175		
	普通群众	90.77	155		

1. 教学能力满意度及其四因子在用人单位受访者性别上存在显著性差异

由上文可知，不同性别的用人单位受访者在教学能力满意度上存在显著性差异（F=6.689，p=0.010）。具体考察教学能力的四个因子发现，现代信息技术运用能力（F=0.866，p=0.353）在性别上不存在显著性差异，而教学设计能力（F=8.442，p=0.004）、教学创新能力（F=6.147，p=0.014）和教学评价能力（F=7.084，p=0.008）在性别上存在显著性差异。

如图 7-3 所示，尽管用人单位不同性别受访者对 C 校毕业生的教学能力满意度均超过 80 分，也就是说，用人单位总体对该校毕业生工作期间展现的教学能力是比较满意的，但是其中男性受访者对该校毕业生的教学能力满意度低于女性受访者，评分差距为 4.13 分。满意度评分的这种性别差异也表现在教学评价能力、教学创新能力和教学设计能力三个因子上，即用人单位中的男性受访者对该校毕业生在上述三个因子上的满意度均低于女性受访者，其中，在教学设计能力满意度上的评分差距最大，分差为 4.83 分。

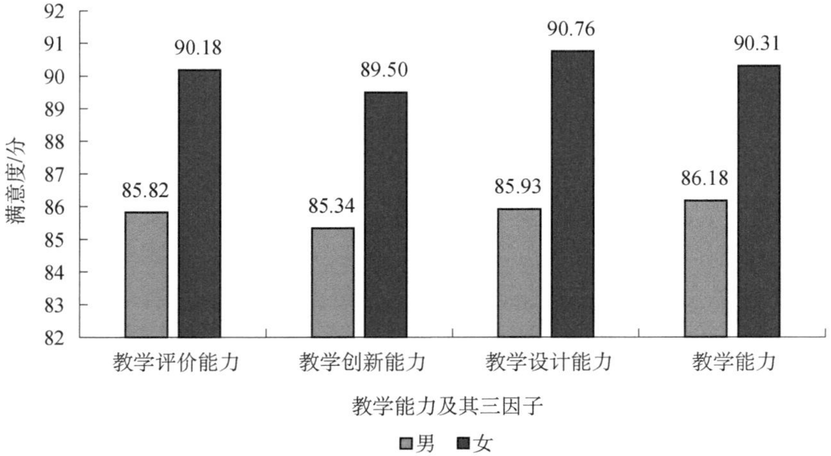

图 7-3　教学能力满意度及其三因子在用人单位受访者性别上的差异性分析

2. 教学能力满意度及其四因子在用人单位受访者年龄上存在显著性差异

由上文可知，用人单位受访者对 C 校毕业生教学能力的满意度在年龄上存在显著性差异（F=3.897，p=0.004）。具体考察教学能力的四个因子发现，除了在现代信息技术运用能力（F=1.601，p=0.173）上不存在显著性差异外，在教学设计能力（F=3.505，p=0.008）、教学创新能力（F=5.302，p=0.000）和教学评价能力（F=4.128，p=0.003）上均存在显著性差异。

如图 7-4 所示，不同年龄段的用人单位受访者对 C 校毕业生教学能力的满意度存在显著性差异。其中，30—39 岁年龄段的受访者对该校毕业生的教学能力的满意度显著高于其他年龄段受访者，评分高达 90.84 分。进一步分析教学能力的四因子发现，这一现象同样出现在教学设计能力、教学创新能力和教学评价能力三个因子上，即 30—39 岁年龄段的受访者对该校毕业生这三方面的能力的满意度最高，其他依次是 20—29 岁、40—49 岁和 50—59 岁年龄段的。此外，处于 50—59 岁年龄段的受访者对该校毕业生教学能力和教学设计能力、教学创新能力、教学评价能力的打分均明显低于其他年龄段的人。

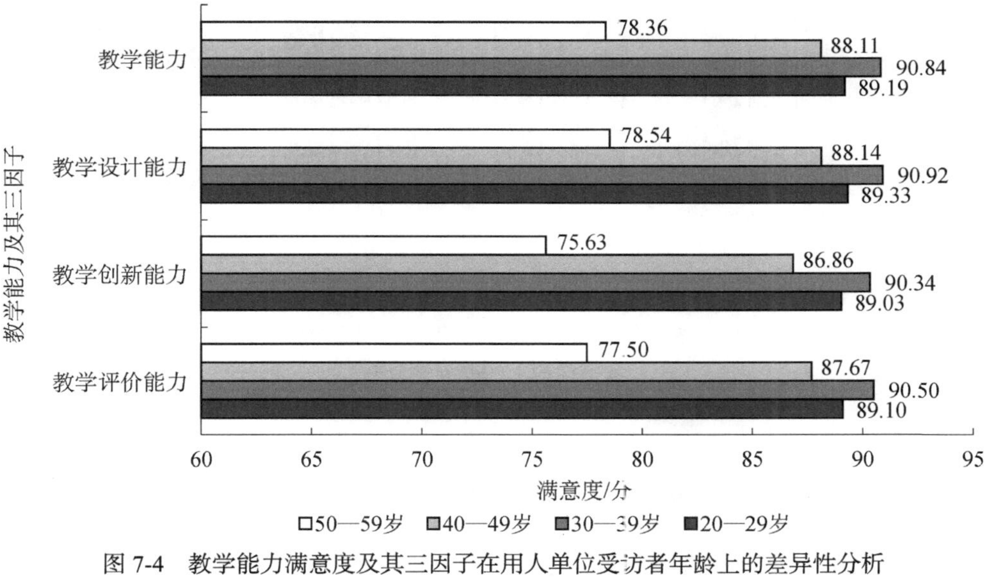

图 7-4 教学能力满意度及其三因子在用人单位受访者年龄上的差异性分析

3. 教学能力满意度及其四因子在用人单位受访者政治面貌上存在显著性差异

由上文可知，不同政治面貌的用人单位受访者在教学能力满意度上存在显著性差异（F=4.983，p=0.007）。具体考察教学能力的四个因子发现，除在现代信息技术运用能力（F=2.441，p=0.088）上不存在显著性差异外，在教学设计能力（F=5.993，p=0.003）、教学创新能力（F=5.295，p=0.005）和教学评价能力（F=4.027，p=0.019）上均存在显著性差异。

如图 7-5 所示，在教学能力满意度上，共产党员对 C 校毕业生的评分（85.51 分）明显低于共青团员的评分（90.13 分）和普通群众的评分（90.77 分）。这一现象同样出现在教学设计能力、教学创新能力和教学评价能力上，即共产党员对毕业生这三项能力的评分明显低于其他群体，而普通群众的评分明显高于其他群体的评分，说明普通群众对毕业生教学能力及其三因子的满意度高于其他群体。

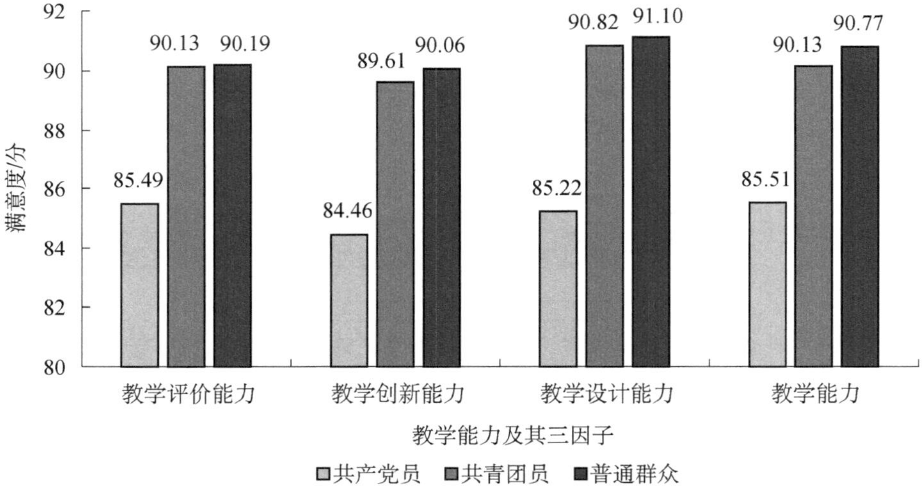

图 7-5　教学能力满意度及其三因子在用人单位受访者政治面貌上的差异性分析

（二）工作特征变量：工作关系/单位所在区县/单位所在地

对用人单位受访者的工作属性进行分析发现，用人单位受访者对 C 校 2017 届小学教育（全科教师）专业毕业生的教学能力满意度在工作关系（F=5.476，p=0.000）上存在显著性差异，而在单位所在区县（F=1.973，p=0.058）和单位所在地（F=1.945，p=0.144）上不存在显著性差异（表 7-6）。

表 7-6　教学能力满意度在用人单位受访者工作特征变量上的差异性

工作特征变量	分组	M	n	F	p
工作关系	下属	90.00	10	5.476	0.000
	平级同事	90.21	267		
	顶头上司	86.89	98		
	越级上司	83.00	10		
	其他	74.77	22		
单位所在区县	丰都	83.94	73	1.973	0.058
	奉节	91.73	52		
	涪陵	92.50	2		
	开州	94.27	24		
	梁平	87.56	84		
	彭水	91.49	37		
	黔江	86.03	39		
	云阳	90.29	34		
单位所在地	市区	85.65	23	1.945	0.144
	乡镇	89.29	308		
	村	88.39	76		

1. 不同工作关系的受访者在教学能力满意度及其四因子上存在显著性差异

深入分析用人单位对 C 校小学教育（全科教师）专业毕业生教学能力满意度时，发现与该校 2017 届小学教育（全科教师）专业毕业生工作关系不同的受访者，对毕业生教学能力的满意度存在显著性差异（F=5.476，p=0.000）。其中，平级同事对该校毕业生的教学设计能力、教学创新能力和现代信息技术运用能力的评分明显高于其他群体，而越级上司对该校毕业生的这三类教学能力的评分显著低于其他群体。具体考察教学能力的四个因子发现，与毕业生不同工作关系的用人单位受访者对毕业生教学设计能力（F=5.018，p=0.001）、现代信息技术运用能力（F=5.018，p=0.001）、教学创新能力（F=6.820，p=0.000）和教学评价能力（F=4.592，p=0.001）的评价均存在显著性差异。从图 7-6 可知，用人单位中的平级同事对该校毕业生的现代信息技术运用能力、教学设计能力和教学创新能力的满意度最高，下属对毕业生的教学评价能力的满意度最高，而越级上司对毕业生上述四项教学能力的满意度最低。

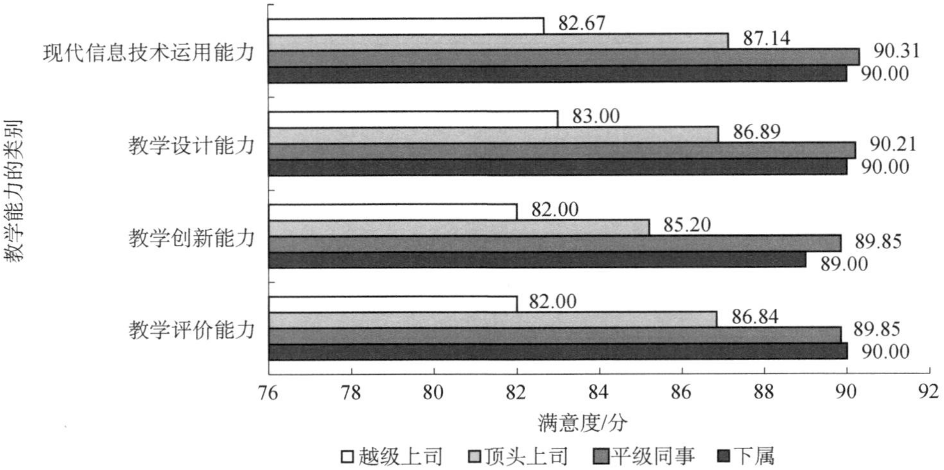

图 7-6 用人单位不同受访者对毕业生四项教学能力的满意度差异

2. 毕业生问卷中教学能力自评指数的差异性分析

在该部分，我们将通过毕业生的人口学变量（性别、政治面貌、在校期间身份、学校所在区县、学校所在地）来分析 C 校 2017 届小学教育（全科教师）专业毕业生在教学能力自评指数上的差异。

对毕业生教学能力自评指数进行初步分析后，我们发现，教学能力自评指数在性别（F=0.182，p=0.670）、政治面貌（F=0.259，p=0.772）、在校期间身份（F=2.931，p=0.088）、学校所在区县（F=0.500，p=0.855）和学校所在地（F=2.387，p=0.095）这五个变量上均不具有统计学意义上的显著性差异（表 7-7）。

表 7-7 教学能力自评指数在毕业生人口学变量上的差异性

人口学变量	分组	M	n	F	p
性别	男	82.78	38	0.182	0.670
	女	83.62	162		
政治面貌	共青团员	83.00	116	0.259	0.772
	共产党员	83.78	31		
	普通群众	84.26	53		
在校期间身份	学生干部（包括社团干部）	84.91	89	2.931	0.088
	普通学生	82.29	111		
学校所在区县	丰都	84.02	27	0.500	0.855
	奉节	83.11	34		
	涪陵	77.14	1		
	开州	82.38	30		

续表

人口学变量	分组	M	n	F	p
学校所在区县	梁平	83.35	29	0.500	0.855
	彭水	82.12	27		
	黔江	83.27	21		
	万州	74.29	1		
	云阳	86.38	30		
学校所在地	市区	75.24	3	2.387	0.095
	乡镇	84.36	146		
	村	81.34	51		

3. 教学能力自评指数的影响因素分析

通过相关分析发现，毕业生的教学能力自评指数与其对在校期间所学各项知识技能的满意度有不同程度的显著相关。进一步使用 Stata 15.0 统计软件对其进行逐步回归分析，结果显示，影响 C 校 2017 届小学教育（全科教师）专业毕业生教学能力自评指数的因素分别是教材教法分析（F=38.376，p=0.000）、通识性知识（F=42.475，p=0.000）、学科整合能力（F=30.094，p=0.000）、独立备课和上课的能力（F=33.436，p=0.000）与现代教学技术（F=25.293，p=0.000）。毕业生对上述在校期间所学的五项专业知识技能的满意度越高，其对自己教学能力的自评指数也越高（图 7-7）。

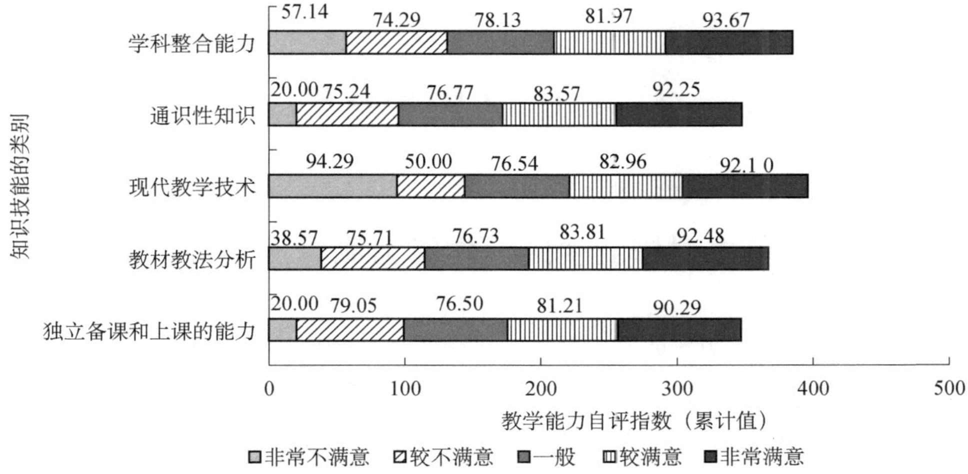

图 7-7 教学能力自评指数和五项知识技能满意度的关系

另外，毕业生的教学能力自评指数还与其对在校期间所参与的各项课内外实训活动的满意度有不同程度的显著相关。进一步使用 Stata 15.0 统计软件对其进行逐步回归分析，结果显示，影响 C 校 2017 届小学教育（全科教师）专业毕业生教学能力自评指数的因素有课堂实训活动（F=25.739，p=0.000），提供优秀教师课堂案例视频（F=25.379，p=0.000）和见习、助教、试做、顶岗的专业实习活动（F=7.001，p=0.000）。如图 7-8 所示，整体来看，毕业生对上述三项在校期间参与的课内外实训活动有效性的评价越好，其教学能力自评指数越高。

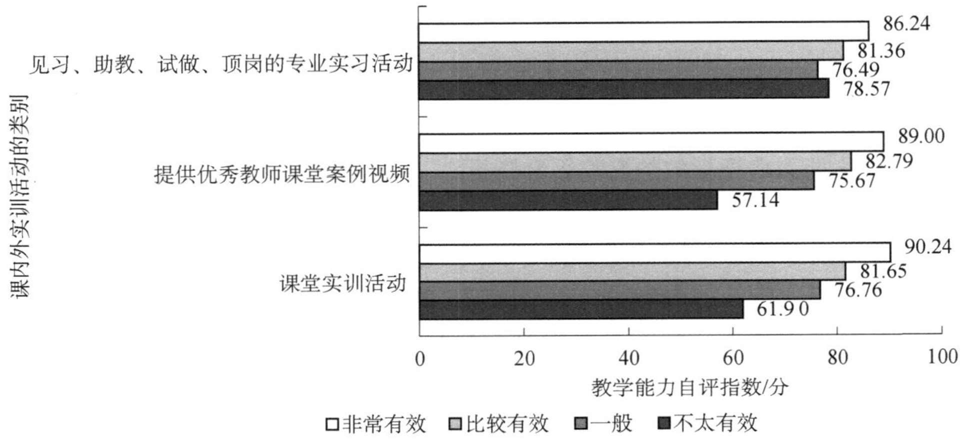

图 7-8　教学能力自评指数与三项课内外实训活动有效性评价之间的关系

第三节　小结与讨论

一、用人单位对毕业生的教学能力满意度较高

本次调查结果表明，四年一贯递进式实践教学校地合作培养模式下的 C 校 2017 届小学教育（全科教师）专业毕业生在教学能力上的得分已经达到了毕业要求，且用人单位对该校毕业生的教学能力满意度总体较高。具体考察教学能力的四个因子发现，用人单位对毕业生的现代信息技术运用能力的满意度最高，其

次是教学设计能力和教学评价能力，最后是教学创新能力。尽管用人单位对该校2017 届小学教育（全科教师）专业毕业生整体满意度较高，但是具体剖析教学能力的四个因子发现，毕业生在教学创新能力上的得分为 87.57 分，且毕业生自评分为 76.40 分，说明该校 2017 届小学教育（全科教师）专业毕业生的教学创新能力还有一定的提升空间（图 7-9）。

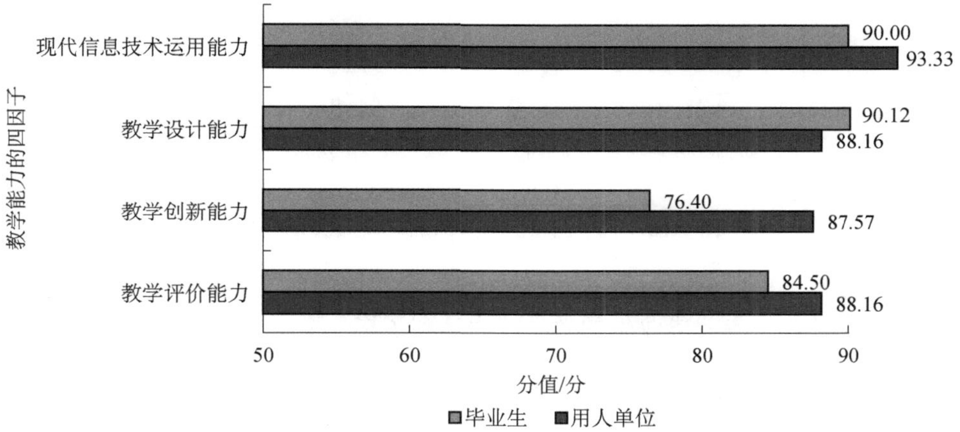

图 7-9　用人单位与毕业生在教学能力四因子上的均值比较

为了进一步探讨 C 校 2017 届小学教育（全科教师）专业毕业生在教学创新能力上得分低于其他因子的原因，首先，我们对用人单位问卷中教学创新能力对应的两个题器“教学研究和创新能力”和“学科整合的能力（如语文课中融合音乐和美术知识）”进行了对比分析，发现用人单位对该校毕业生这两项能力上的满意度均值是相同的，均为 87.60 分，均低于其他因子。这说明该校 2017 届小学教育（全科教师）专业毕业生的教学研究、创新能力和学科整合能力还有待提高。

其次，通过将该校 2017 届小学教育（全科教师）专业毕业生与其他学校师范类学生进行优势比较，发现虽然该校毕业生在教学能力上的排名靠前，但教学研究能力的排名相对落后，排名第十（表 4-3），这说明该校 2017 届小学教育（全科教师）专业毕业生的教学创新能力有待进一步提升。

最后，我们统计用人单位问卷中的题器“针对 C 校小学教育（全科教师）专业毕业生工作中的实际表现，您认为还有哪些欠缺和不足？”时发现，有 43 名受访者认为毕业生在教学创新能力上有所欠缺，具体如图 7-10 所示。

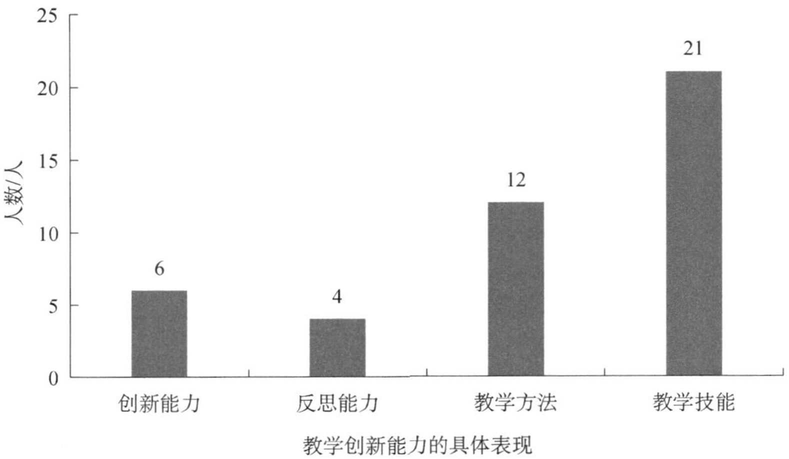

图 7-10　教学创新能力欠缺的具体人次分布图

由此可见，四年一贯递进式实践教学校地合作培养模式下的 C 校 2017 届小学教育（全科教师）专业毕业生的教学能力达到了毕业要求且用人单位的满意度也较高，但在教学创新能力方面还有较大的进步空间，同时说明该校在培养小学教育（全科教师）专业学生时，应该更加注重教学创新能力的培养。

二、平级同事对教学能力的满意度最高，越级上司的满意度相对较低

根据调查数据，平级同事对 C 校 2017 届小学教育（全科教师）专业毕业生的教学能力满意度最高，而越级上司的满意度最低，整体呈现出用人单位受访者职位越高，对该校毕业生教学能力的满意度越低的趋势。在用人单位整体对该校 2017 届小学教育（全科教师）专业毕业生的教学能力比较满意的背景下，用人单位中不同职位的受访者对其教学能力满意度存在如此差异，有可能与沟通渠道有关。初入职场的毕业生由于对学校工作环境的不熟悉，在工作上更多进行平行沟通，较少进行向上的垂直沟通，所以越级上司较少有机会了解其在一线教学工作中的具体表现。

三、教学技能习得对毕业生教学能力有显著影响

考察 C 校 2017 届小学教育（全科教师）专业毕业生教学能力与其在校期间所

学各项知识技能之间的关系，我们得出如下结论：第一，虽然教材教法分析、通识性知识、学科整合能力、独立备课和上课的能力与现代教育技术运用能力对该校毕业生教学能力有不同程度的影响，但进一步分析数据可知，教材教法分析对教学能力的影响最大，其次是通识性知识、现代教育技术运用能力和学科整合能力，最后是独立备课和上课的能力。这说明在校期间注重培养学生对教材教法的分析能力是提升毕业生教学能力的重要方式。第二，仔细分析数据发现，现代教育技术运用能力与教学能力呈显著负相关，这说明过度依赖现代教育技术对学生的教学能力有一定的阻碍作用。

四、课内外实训活动对毕业生教学能力有影响

考察 C 校 2017 届小学教育（全科教师）专业毕业生教学能力与其在校期间所参与的各项课内外实训活动之间的关系，我们得出如下结论：第一，课堂实训活动，提供优秀教师课堂案例视频和见习、助教、试做、顶岗的专业实习活动对毕业生教学能力有不同程度的影响，且都呈显著正相关。但是仔细分析数据可知，课堂实训活动对毕业生教学能力的影响最大，其次是提供优秀教师课堂案例视频，最后是见习、助教、试做、顶岗的专业实习活动，这说明注重课堂实训活动更有助于提升学生的教学能力；第二，教学能力与实践活动是密不可分的，具体表现在毕业生的教学能力自评指数伴随着他们对在校期间所参与的课堂实训活动，学校所提供的优秀教师课堂案例视频和见习、助教、试做、顶岗的专业实习活动的满意程度的上升而上升。

第四节　改进措施与建议

通过以上数据分析我们发现，四年一贯递进式实践教学校地合作培养模式下的 C 校 2017 届小学教育（全科教师）专业毕业生的教学能力较强，且用人单位对其工作期间展现出的教学能力也甚为满意。如果想再进一步提升、完善学生的教学能力，我们可以从以下几个方面开展工作。

一、全面渗透创新能力培养

在调查中发现，用人单位的部分受访者表示该校毕业生的创新意识和创新能力还有较大提升空间。作为教师，创新能力主要体现在教育实践活动中。例如，教师能够在教育教学活动中，主动接纳新的教学理念，吸取新的教育教学成果，创建新的教学模式，打破常规采用新的教学方法并将其运用到教学实践中去，进而形成鲜明的教学个性。这一汇集教育理念、教育实践和教育个性为一体的混合能力的培养，是需要高等师范院校创设一定环境的。首先，高等师范院校须将素质教育观念融入小学教育（全科教师）专业的课程体系中。在理论性课程中，拓宽多学科知识的边界，增强课程的包容性，丰富专业课程中的知识体系，通过多元、宽广的理论知识奠定师范生创新能力的知识储备；在实践性课程中，加大实践教学的比重，将创新教育与专业实践课程相融合，提高师范生的实践能力和核心竞争力，缩小师范生与一线小学教育需求间的差距。其次，改革师范生教学方法，丰富教学形式。高等师范院校应改革传统的灌输式教学方法，一方面，大力推广合作式、探究式、实践式、讨论式等多元教学方法，在课堂教学中充分调动师范生的参与积极性，引导师范生以问题为指引自主探究，锻炼其创新思维和多元知识的整合能力；另一方面，依靠现代多媒体信息化平台，引入丰富的创新教育资源，提升师范生学习热情和兴趣的同时，也可以提升其实践、创新能力。最后，创新能力的培养还有赖于良好的师生关系。师生之间只有保持一种亲密、平等、融洽、和谐的关系，学生才会大胆提问、敢于质疑。要建立良好的师生关系，教师需要采用更加民主的教育作风，引导师范生互相研讨，鼓励他们进行创新实践，通过教育课题研究、教学活动方案设计、教学教具设计等创新性活动，激发学生的创新意识、创新精神，培养他们的创新能力。

二、合理安排实习，拓宽实践途径

调查结果显示，有部分毕业生表示希望增加见习、助教、试做、顶岗等实践活动的时长，一部分用人单位受访者表示毕业生的实践能力还应提高，教学经验还应更丰富。同时，从教师创新能力的培养路径来看，教师作为指向人的培养与发展的特殊职业，其创新能力的培养离不开教育教学活动的具体情境。因此，要打通师范生走向一线教育教学现场的通道，首先，高等师范院校应增加见习、助教、试做、顶岗的实践活动时长，如积极增加师范生的实践教育基地，鼓励师范生进行连续性的实践学习。第一学年由于刚进入大学，学生各方面的能力还比较欠缺，见习时间可安排 2 周；第二学年有了第一学年的基础和经验，见习时间可以增加到 3—4 周；第三学年的见习时间为 4—5 周；第四学年可以是一整个学期。在见习过程中，鼓励学生在教育理论、教学方法及教学内容等方面进行探讨和创新，以形成一套适合自己的教学模式。其次，高等师范院校应与当地教委、实践教育基地小学负责人保持联系，定期将专业教师派到基地小学轮岗实践，一方面可以带动实践教育基地小学的教育教学改革，另一方面可以让高等师范院校的专业教师随时掌握一线小学的教育动态，进而提高师范生教育内容的时效性，促进师范生教育教学活动的创新能力。

三、加强培养教学研究能力

调查结果显示，有部分用人单位受访者表示 C 校 2017 届小学教育（全科教师）专业毕业生的教学研究能力还可以进一步提高，一部分毕业生也表示自己的教学研究能力相对较弱。教学研究是运用科学的方法，有目的、有计划地对教学问题进行探索，以发现教学规律，寻求解决问题的有效途径的实践活动。首先，在学生刚进入大学时，学校就应帮助学生熟悉小学教育相关著作及专题网站，树立教研一体的观念，并开设基础教育发展和有关各学科改革动态的讲座。其次，增加说课、评课和观课等活动的次数，加强学生撰写教案的能力。再次，在师范生专业课的课程评价中，改变传统的任课教师单一教育评价方式，让学生、实践基地小学教师参与进来，共同对师范生的教育理念、教学活动设计与实施进行评价。这样一来，师范生从同辈群体的角度进行相互评价，互帮互助；实践基地小学教师从一线教育教学现状的角度对师范生在教育教学有效性、针对性、可靠性等方面进行评价；高等师范院校专业教师则从科学性、先进性、理论性等多维角度给予意见，从而为师范生提供多元的教育研究视角，进而塑造其全面、完整的教育教学研究思想，培养其教育教学的创新思维和创新能力。最后，训练学生从日常的教育教学工作、教育现象、丰富的文献资料中捕捉教育问题并撰写相关的论文，从而培养学生的课题研究能力和撰写教育研究学术论文的能力。

四、健全激励机制

激励机制是提升应用型本科院校青年教师教学能力的助推器，可分为物质激励、精神激励、机会激励、团队激励四方面。针对教学能力突出的青年教师，可进行物质激励和精神激励，即给予一定的奖金和荣誉。机会激励是指给予青年教师参加各级各类教学能力大赛的机会，让他们以赛促练，从而提升个人教学能力。团队激励是指建立青年教师发展团队，让他们在团队合作中相互学习，从而提高教学能力。

第八章

班级指导视角下小学全科教师校地合作培养成效

第一节 观测点剖析

班级作为学校工作的一个基本单位，也是学生学习生活的基本单位。班级指导不仅是一项系统的德育工程，更是学校管理中最基础的环节，直接影响着校风、班风和学风的形成，同时班级指导的效果也关系到班级内部学习氛围的形成和每位学生的身心发展。[①]随着新课程改革的推进，班级指导成为小学教育从业者的必备能力之一，在班级建设中具有重要的指向作用。因而，在 C 校四年一贯递进式实践教学中，较强的班级指导能力不仅是小学教育（全科教师）专业学生完成教育教学任务的前提和保证，也是其顺利踏上小学教师工作岗位的必备能力。因此，当我们在考察该校四年一贯递进式实践教学校地合作培养模式成效时，将班级指导作为一个检验该模式成效的核心观测点之一，并认为该培养模式成效显著的一个标志就是该校小学教育（全科教师）专业毕业生具有较强的班级指导能力，且能够获得用人单位较高的认可。

从概念界定来看，班级指导是体现教师德育为先、适应小学班级管理工作需要的教师基础能力。依据我国《小学教育专业认证标准（第二级）》，班级指导是小学教育专业学生毕业的要求之一。具体而言，它要求小学教育专业毕业生树立德育为先的理念，了解小学德育原理与方法，掌握班级组织与建设的工作规律和基本方法，能够在班主任工作实践中，参与德育和心理健康教育等教育活动的组织与指导，获得积极体验。本次调查，我们从以下两个方面衡量 C 校 2017 届小学教育（全科教师）专业毕业生的班级指导能力——班级管理、德育管理。

班级管理，是指教师根据学校的相应要求，结合班级的实际特点与情况，对班级中的学生资源、硬件设施资源等进行调配、组织和协调教学的整体过程。它是一种有目的、有序的社会活动，目的是更好地推动学校教育的发展，实现学生的全面发展。[②]

德育管理，是指管理主体为了实现学校的德育目标而对班级的德育活动进行

① 孔德尚.念好“四字要诀”做好班级管理[J]. 新课程（下），2013（2）：1.

② 卜繁林.新时期高职院校辅导员班级管理工作研究——以河北建材职业技术学院为例[D]. 河北师范大学硕士学位论文，2017.

的调控。①它是实现学校德育目标的手段，也能体现出教师的班级指导能力。

如果C校2017届小学教育（全科教师）专业毕业生能够进行有效的班级管理与德育管理，那么我们就认为该专业毕业生具备了较强的班级指导能力。

本次调查中，我们设置了“班集体建设与管理”等四个题器，来考察用人单位对2017届小学教育（全科教师）专业毕业生在班级管理和德育管理两个方面的评价（表8-1）。1代表非常不满意，2代表比较不满意，3代表一般，4代表比较满意、5代表非常满意，四个题器累计记分，分值越高，意味着用人单位对该校毕业生的班级指导工作越满意。同时，我们还设置了“我能胜任或协助班主任工作”等六个题器，来了解2017届小学教育（全科教师）专业毕业生对自己在班级管理和德育管理两个方面的评价（表8-2）。1代表完全不符合，2代表比较不符合，3代表不确定，4代表比较符合，5代表完全符合，六个题器累计记分，分值越高，意味着该校毕业生对自己的班级指导工作评价越积极。综合上述两个方面，如果用人单位越满意且毕业生自我评价越积极，则表明在四年一贯递进式实践教学校地合作培养模式下C校小学教育（全科教师）专业毕业生的班级指导能力越高，进而可知该模式在师范生班级指导能力的培养上成效较好。

表8-1　班级指导满意度的因子构成和题器设置（用人单位问卷）

指标	因子	题器
班级指导	班级管理	班集体建设与管理
		担任或协助班主任工作
	德育管理	班风、学风建设与管理
		少先队与共青团的建设与管理

表8-2　班级指导自评指数的因子构成和题器设置（毕业生问卷）

指标	因子	题器
班级指导	班级管理	我能胜任或协助班主任工作
		我能独立组织班级日常工作
		我能组织与指导班级主题活动
	德育管理	我能营造良好的班风、学风
		我能对学生进行德育和心理辅导
		我能策划与组织主题德育活动和社团活动

① 沈宇红.中学任课教师参与班级德育管理的现状分析和对策研究[D]. 华东师范大学硕士学位论文，2006.

第二节 调查数据分析

一、班级指导指标及其因子的描述性分析

本次调查的两份问卷中，班级指导子量表均由班级管理和德育管理两个因子构成。通过调查用人单位对 C 校 2017 届小学教育（全科教师）专业毕业生的班级指导工作的具体态度，我们能够了解用人单位对该校毕业生班级指导能力的满意程度（简称班级指导满意度）；通过调查该校 2017 届小学教育（全科教师）专业毕业生对自己班级指导能力的感知，我们还能够了解该校毕业生对自己班级指导能力的评价（简称班级指导自评指数）。综合两者，我们既可以全面把握该校 2017 届小学教育（全科教师）专业毕业生在班级指导这一指标上的胜任力，还可以了解该校开展的四年一贯递进式实践教学校地合作培养模式在小学教育（全科教师）专业学生的班级指导能力培养上的成效。

首先，对用人单位问卷中的班级指导满意度进行频次分析，结果显示，用人单位对 C 校 2017 届小学教育（全科教师）专业毕业生班级指导工作的满意度为 88.66 分（总分为 100 分），标准差为 16.142 分，呈负偏态分布（图 8-1）。57%的用人单位受访者对该校毕业生班级指导工作的满意度评分都超过 90 分。这表明用人单位对该校 2017 届小学教育（全科教师）专业毕业生的班级指导能力的满意度较高。

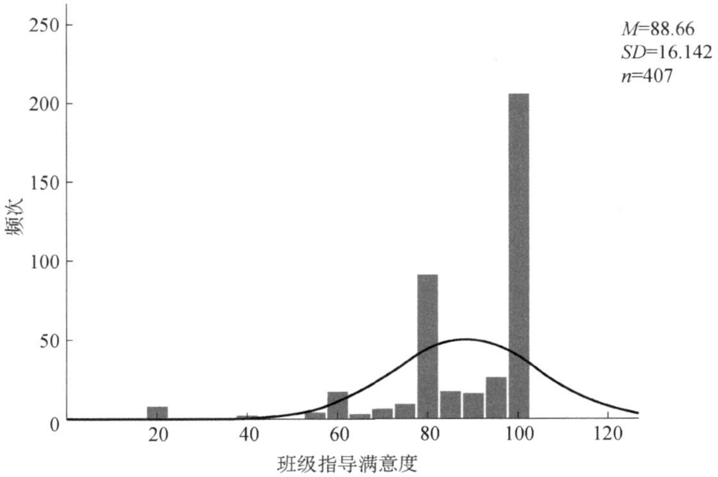

图 8-1 班级指导满意度的频次分布（用人单位问卷）

其次，对毕业生问卷中的班级指导自评指数进行频次分析，结果显示，C 校 2017 届小学教育（全科教师）专业毕业生对自己班级指导能力的评分为 88.08 分（总分为 100 分），标准差为 10.706 分，呈负偏态分布（图 8-2）。44%的毕业生对自己班级指导能力的评分超过 90 分。这表明该校 2017 届小学教育（全科教师）专业毕业生对自己的班级指导能力评价较高。

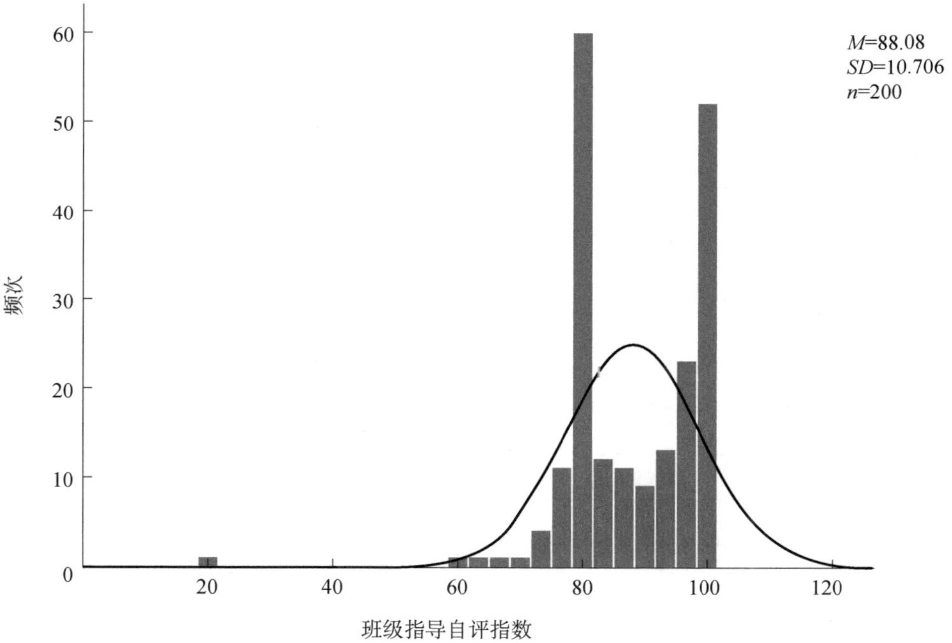

图 8-2　班级指导自评指数的频次分布（毕业生问卷）

综合以上两个方面的统计结果可知，无论是用人单位对毕业生工作中表现出的班级指导能力，还是毕业生对自己工作中表现出的班级指导能力，都评价较高。换言之，四年一贯递进式实践教学校地合作培养模式下的 2017 届小学教育（全科教师）专业毕业生掌握了班级指导技巧与方法，具有班主任工作有效体验，且能够较好地组建班委以协同管理班级，能够较好地承担或协助承担班主任的相应工作。

为了进一步了解 C 校 2017 届小学教育（全科教师）专业毕业生在班级指导上的具体表现，我们对该指标的各个因子进行了深入分析。结果发现，比较而言，用人单位对该校 2017 届小学教育（全科教师）专业毕业生的班级管理能力更为满意，评分为 88.94 分；其次是德育管理能力，评分为 88.38 分（表 8-3）。

表 8-3 班级指导满意度中两个因子的总体情况

特征值	班级管理	德育管理
M	88.94	88.38
max	100.00	100.00
min	20.00	20.00
SD	16.25	16.36
总分	100.00	100.00

进一步对毕业生问卷中班级指导的两个因子进行频次分析，结果也显示，C 校 2017 届小学教育（全科教师）专业毕业生对自己的班级管理能力评价较高，评分为 88.83 分；其次是德育管理能力，评分为 87.33 分（表 8-4）。

表 8-4 班级指导自评指数及其二因子的总体情况

特征值	班级管理	德育管理
M	88.83	87.33
max	100.00	100.00
min	20.00	20.00
SD	11.02	11.18
总分	100.00	100.00

总体而言，用人单位对该校毕业生的班级指导能力满意度和该校毕业生的班级指导能力自评指数都超过 80 分，即意味着四年一贯递进式实践教学校地合作培养模式在师范生班级指导能力的培养上成效较好。尽管如此，对上述班级指导两因子的比较发现，用人单位和毕业生在德育管理方面的评分均稍低于在班级管理上的评分。这表明 C 校 2017 届小学教育（全科教师）专业毕业生的班级管理能力较强，而德育管理能力还有提高的空间。

另外，与其他学校毕业生进行横向比较发现，C 校毕业生的班级指导能力优势主要表现在班集体建设与管理方面（排第六）和少先队与共青团的建设与管理方面（排第十六）（表 4-3）。这说明用人单位认为该校 2017 届小学教育（全科教师）专业毕业生的班级指导能力尚可，且满意度主要来源于毕业生的班集体建设与管理能力，不过这也说明该校 2017 届小学教育（全科教师）专业毕业生在少先队与共青团的建设与管理方面的能力还有较大的提升空间。

二、用人单位问卷中班级指导满意度的差异性分析

在该部分，我们将通过用人单位受访者的人口学变量（性别、年龄、工龄、政治面貌、工作关系、单位所在区县、单位所在地）来分析其对C校2017届小学教育（全科教师）专业毕业生班级指导能力的满意度差异。

1. 自然特征变量：性别/年龄/工龄/政治面貌

对用人单位受访者的自然特征变量进行初步分析后，我们发现，班级指导满意度在受访者的性别（F=8.788，p=0.003）和政治面貌（F=4.331，p=0.014）两个变量上存在显著性差异，而在年龄（F=2.135，p=0.076）和工龄（F=1.503，p=0.188）两个变量上不具有统计学意义上的显著性差异（表8-5）。

表8-5　班级指导满意度在用人单位受访者自然特征变量上的差异性

自变量	分组	M	n	F	p
性别	男性	86.14	189	8.788	0.003
	女性	90.85	218		
年龄	20—29岁	89.48	155	2.135	0.076
	30—39岁	90.29	119		
	40—49岁	88.72	86		
	50—59岁	81.09	32		
工龄	5年及以下	90.75	180	1.503	0.188
	6—10年	87.37	76		
	11—19年	88.51	57		
	20—29年	88.39	59		
	30—39年	81.50	20		
	40年及以上	80.00	1		
政治面貌	共青团员	90.65	77	4.331	0.014
	共产党员	85.97	175		
	普通群众	90.71	155		

（1）班级指导满意度及其因子在受访者性别上存在显著性差异

具体考察用人单位受访者性别在班级指导满意度及其二因子上的差异，我们发现，不同性别的用人单位受访者不仅在班级指导满意度上存在显著性差异

（F=8.788，p=0.003），而且在班级管理（F=9.171，p=0.003）和德育管理（F=8.062，p=0.005）上也存在显著性差异。

如图 8-3 所示，在班级指导满意度上，男性受访者的评分（86.14 分）明显低于女性受访者（90.85 分）。其中，在班级管理因子上，男性受访者的评分（86.35 分）低于女性受访者（91.19 分）；在德育管理因子上，男性受访者的评分（85.93 分）也低于女性受访者（90.50 分）。总体而言，用人单位中的女性受访者对 C 校 2017 届小学教育（全科教师）专业毕业生在班级指导方面的满意度都较高，且与男性受访者的评分差距在 5 分左右。

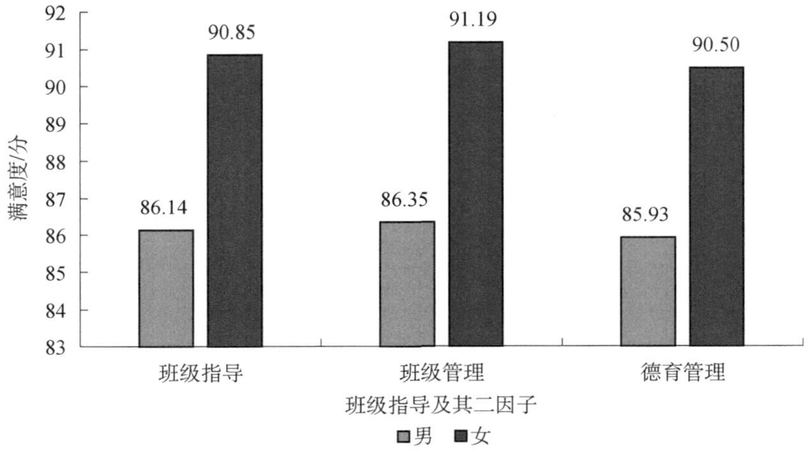

图 8-3　班级指导满意度及其二因子在用人单位受访者性别上的差异性分析

（2）班级指导满意度及其二因子在受访者的政治面貌上存在显著性差异

不同政治面貌的用人单位受访者不仅在班级指导满意度上存在显著性差异（F=4.331，p=0.014），而且在班级管理（F=4.543，p=0.011）和德育管理（F=3.954，p=0.020）上也存在显著性差异。

如图 8-4 所示，在班级指导满意度上，共产党员的评分（85.97 分）低于共青团员的评分（90.65 分）和普通群众的评分（90.71 分）。这种评分差距在用人单位对班级指导两个因子的评分上也有体现。在班级管理因子上，共产党员的评分（86.17 分）低于普通群众的评分（91.03 分）和共青团员的评分（91.04 分），且共青团员与普通群众的评分十分接近；在德育管理因子上，共产党员的评分（85.77 分）低于共青团员的评分（90.26 分）和普通群众的评分（90.39 分），且共青团员与普通群众的评分也十分接近。

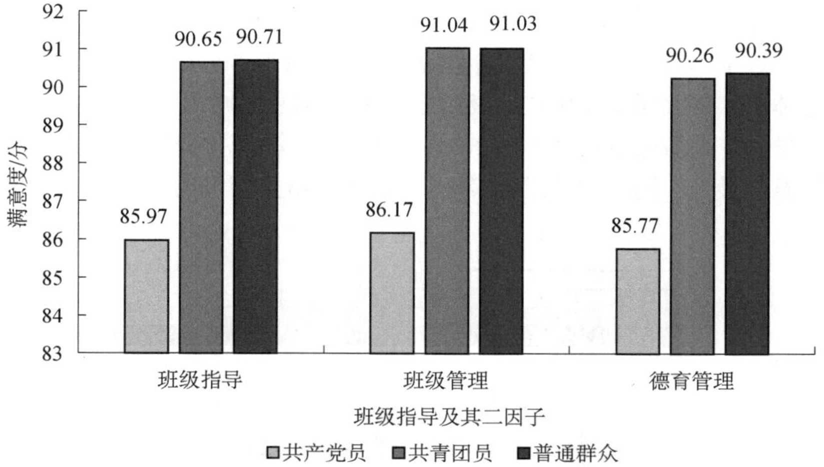

图 8-4 班级指导满意度及其二因子在用人单位受访者政治面貌上的差异性分析

2. 工作特征变量：工作关系/单位所在区县/单位所在地

对用人单位受访者的工作特征变量进行分析发现，用人单位受访者对 C 校 2017 届小学教育（全科教师）专业毕业生的班级指导满意度在工作关系（F=3.876，p=0.004）上存在显著性差异，但在单位所在区县（F=1.758，p=0.095）和单位所在地（F=1.649，p=0.193）上不存在显著性差异（表 8-6）。

表 8-6 班级指导满意度在用人单位受访者工作特征变量上的差异性

工作特征变量	分组	M	n	F	p
工作关系	下属	92.00	10	3.876	0.004
	平级同事	90.07	267		
	顶头上司	87.60	98		
	越级上司	83.00	10		
	其他	77.27	22		
单位所在区县	丰都	84.04	73	1.758	0.095
	奉节	91.44	52		
	涪陵	92.50	2		
	开州	93.75	24		
	梁平	88.04	84		
	彭水	92.03	37		
	黔江	87.18	39		
	云阳	90.15	34		
单位所在地	市区	85.65	23	1.649	0.193
	乡镇	89.48	308		
	村	86.25	76		

根据上文可知，不同职位的用人单位受访者对 C 校 2017 届小学教育（全科教师）专业毕业生的班级指导满意度存在显著性差异（F=3.876，p=0.004）。如图 8-5 所示，总体上，下属对毕业生在班级指导方面的表现最满意，而越级上司对毕业生的班级指导满意度虽然也较高（83.00 分），但却与其他受访者相比，对毕业生的班级指导满意度最低。同样的情况也表现在班级指导的两个因子（德育管理和班级管理）上。

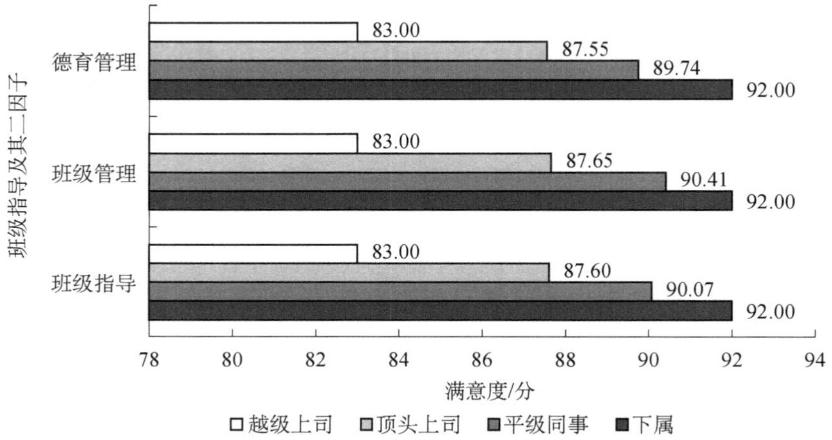

图 8-5　不同职位的受访者在班级指导满意度及其二因子上的差异性分析

三、毕业生问卷中班级指导自评指数的差异性分析

在该部分，我们将通过性别、政治面貌、在校期间身份这三个变量来分析 C 校 2017 届小学教育（全科教师）专业毕业生在班级指导指标上的自评指数差异。结果发现，班级指导自评指数在在校期间身份（F=4.837，p=0.029）这个变量上存在显著性差异，而在性别（F=3.504，p=0.063）和政治面貌（F=0.622，p=0.538）这两个变量上不具有统计学意义上的显著性差异（表 8-7）。

表 8-7　班级指导自评指数在三个变量上的差异性

自变量	分组	M	n	F	p
性别	男性	85.18	38	3.504	0.063
	女性	88.77	162		
在校期间身份	学生干部（包括社团干部）	89.93	89	4.837	0.029
	普通学生	86.61	111		
政治面貌	共青团员	87.39	116	0.622	0.538
	共产党员	89.46	31		
	普通群众	88.81	53		

由上文可知，在校期间身份不同的毕业生在班级指导自评指数上存在显著性差异，但方差分析发现，在校期间身份不同的毕业生在德育管理自评指数上存在显著性差异（F=5.40，p=0.021），而在班级管理自评指数上不存在显著性差异（F=3.658，p=0.057）。

如图 8-6 所示，在班级指导自评指数上，学生干部的评分（89.93 分）大于普通学生（86.61 分），且方差检验所得 F 值为 4.837，在 0.05 统计水平上显著，这说明在校期间担任过学生干部的毕业生对自己的班级指导的满意度显著高于普通学生。在班级管理因子上，学生干部的评分（90.49 分）大于普通学生（87.51 分），且方差检验所得 F 值为 3.658，在 0.05 统计水平上不显著，这说明在校期间是否担任过学生干部对毕业生的班级管理能力不存在显著影响。在德育管理因子上，学生干部的评分（89.36 分）大于普通学生（85.71 分），且方差检验所得 F 值为 5.400，在 0.05 统计水平上显著，这说明在校期间担任过学生干部的毕业生对自己的德育管理的满意度显著高于普通学生。由此可以看出，在校期间担任过学生干部的毕业生对其班级指导、班级管理和德育管理的自评指数高于普通学生，说明学生干部的经历对提升学生班级指导能力具有一定的作用。

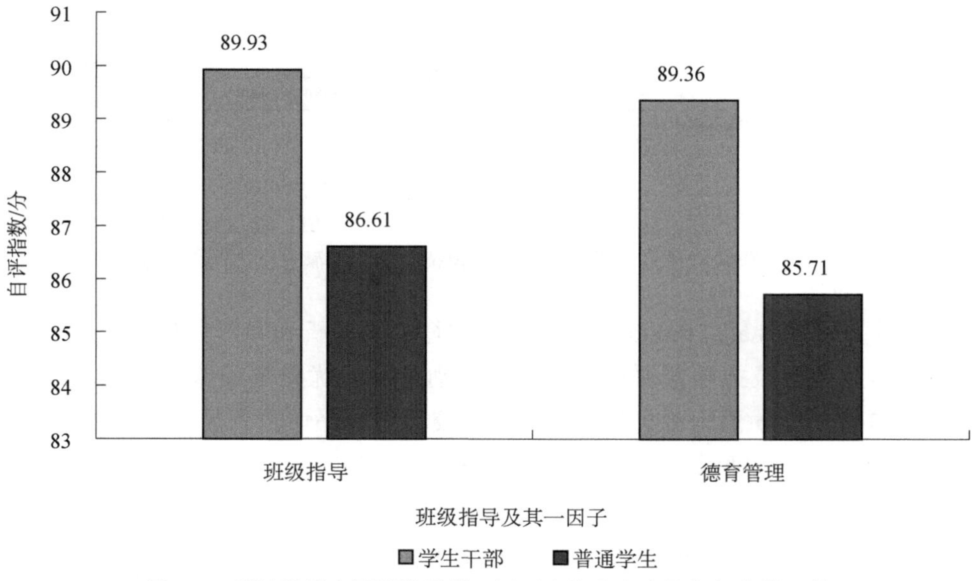

图 8-6 班级指导自评指数及其一因子在毕业生在校期间身份上的差异性分析

四、班级指导自评指数的影响因素分析

通过相关分析发现，毕业生的班级指导自评指数与其对在校期间所学各项知识技能的满意度有不同程度的显著相关。进一步使用 Stata 15.0 统计软件对其进行方差分析和回归分析，结果显示，毕业生在校期间所学的小学生身心发展和认知特点知识（F=32.466，p=0.000）、通识性知识（F=33.253，p=0.000）、教育理论知识（F=16.704，p=0.000）和学生课业测量与评价能力（F=34.937，p=0.000）对其班级指导能力的影响显著。如图 8-7 所示，毕业生对在校期间上述四项专业知识技能的学习越满意，其班级指导自评指数也会越高。

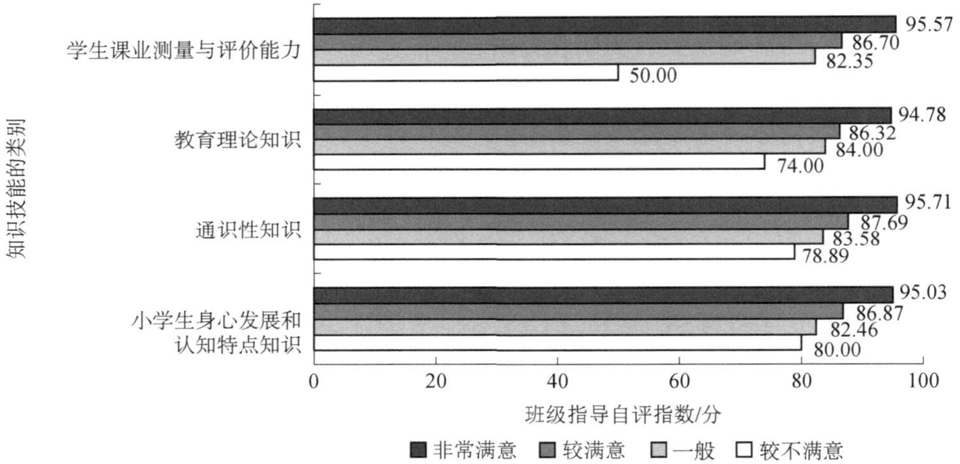

图 8-7 班级指导自评指数与四项知识技能的学习满意度之间的关系

此外，使用 Stata 15.0 统计软件对其进行方差分析和回归分析，结果显示，最影响毕业生班级指导自评指数的在校活动是提供优秀教师课堂案例视频，F 值为 29.363，且 p 值为 0.000。这表明 C 校教师为小学教育（全科教师）专业学生提供的优秀教师课堂案例视频会显著影响毕业生的班级指导自评指数。通过组内和组间对比发现，当毕业生认为在校期间所获得的优秀教师课堂案例视频非常有效时，其班级指导自评指数的均值为 94.55 分；而当毕业生认为在校期间所获得的优秀教师课堂案例视频不太有效时，其班级指导自评指数的均值降低至 61.11 分。

第三节　小结与讨论

一、用人单位对毕业生班级指导能力满意度总体较高

从用人单位问卷的数据分析中，我们了解到，用人单位对 C 校 2017 届小学教育（全科教师）专业毕业生的班级指导能力满意度总体较高，但认为其在少先队与共青团的建设与管理方面的能力还可以进一步加强。因为将该校 2017 届小学教育（全科教师）专业毕业生与其他学校毕业生的能力进行优势比较时，发现该校毕业生在少先队与共青团建设与管理方面的能力优势相对较小，被选中的次数较少，占 35%，因此该校 2017 届小学教育（全科教师）专业毕业生在此方面的能力还需要进一步加强。

进一步分析，少先队与共青团建设与管理能力也从侧面反映了教育者德育管理能力。从用人单位问卷数据的总体分析来看，在班级指导二因子中，用人单位对 C 校毕业生的班级管理的满意度高于对德育管理的满意度，毕业生也是一样的评价（图 8-8）。

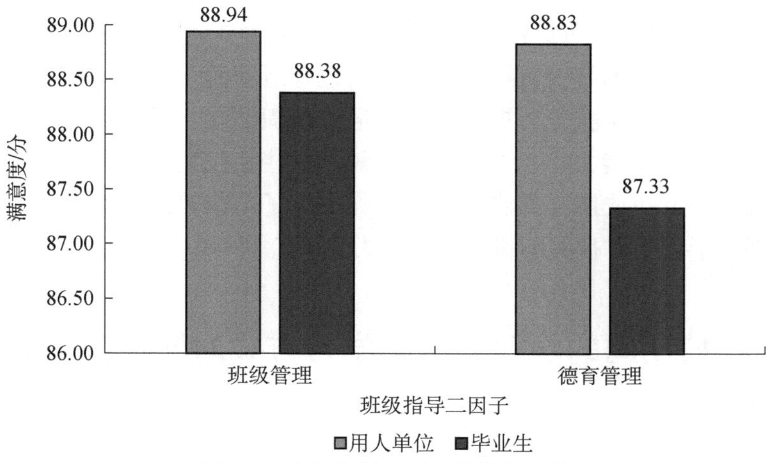

图 8-8　班级指导二因子的均值比较

二、平级同事对毕业生班级指导的满意度较高

从用人单位问卷中班级指导的差异性变量分析中，我们发现受访者的职位越高，对毕业生班级指导的满意度越低的趋势（图 8-5）。从知识属性来看，班级指导能力应归属于实践性知识，这一实践性知识是教师在不断与实际教育教学工作环境的互动中，调整自己的班级指导行为，在行动中伴随反思形成的。因此，教师班级指导能力的形成是一个知识创造的过程。而本次调查的 C 校 2017 届小学教育（全科教师）专业毕业生的工作时长均不超过三年，尚处于工作适应期，因而他们更多是在模仿和学习其他同事有关班级管理和少先队与共青团建设的常规操作，也即习得知识的一个过程。这个过程会唤醒毕业生在校期间所形成的对班级管理的固有观念，甚至还可能经历在校期间所学的班级管理理论知识与工作现场的实际现状的冲突。这会让毕业生的班级指导能力表现得较为形式化，缺乏创新。平级同事尚可理解毕业生这种程序化的班级指导能力，但是具有丰富教育教学管理工作经验的学校领导则会将其视为班级管理工作不足的表现。

三、学生干部的班级指导自评指数显著高于普通学生

根据上文，在校期间担任过学生干部的毕业生比普通毕业生的班级指导自评指数明显要高。由此可以看出，对于 C 校 2017 届小学教育（全科教师）专业的毕业生而言，在校期间的干部任职经历对其班级指导能力有较大帮助，不仅能够提高其班级管理能力，而且对其德育管理能力也有所帮助。无论是班级干部还是学生会、社团干部，学生在任职期间均可以通过组织活动、管理成员，提高自己的沟通能力、随机应变能力、组织管理能力等，这些在校期间的工作经验都为其毕业后的班级管理和少先队与共青团建设工作提供了可借鉴的管理知识，因此担任过学生干部的毕业生对自身的班级指导能力更加自信。

四、在校期间的学习内容与学习方式对毕业生班级指导能力有积极影响

通过班级指导自评指数的相关分析，我们发现，影响 C 校 2017 届小学教育（全科教师）专业毕业生班级指导自评指数的主要因素有在校期间所学的小学心

理学知识（包含小学生身心发展和认知特点等知识）、教育测评知识和技能（包含小学生课业测量与评价方法等知识）和在校期间学校所提供的优秀教师课堂案例视频。其中，在校期间学校所提供的优秀教师课堂案例视频对毕业生班级指导自评指数的影响最大。由此可见，作为一种实践性知识，班级指导能力离不开一个个具体的教育教学情境，具有极强的情境性。优秀的教师课堂案例中包含有关教育管理理论及小学生的一些信息，这为师范生提供了一个“准实践”的教育教学情境，师范生可以在这个情境中通过对案例所包含的班级管理问题的分析、讨论，不断反思自己的思考过程和别人的观点，逐渐理解和掌握与案例相联系的班级指导方法，丰富班级管理体验，不断提升班级指导能力。

第四节　改进措施与建议

根据对 C 校 2017 届小学教育（全科教师）专业毕业生的班级指导能力状况的调查分析可知，该校四年一贯递进式实践教学校地合作培养模式能有效提升师范生的班级指导能力。但如果想进一步完善该培养模式，可从以下方面开展工作。

一、增加实践实训类课程，学会处理工作中的人际关系

从本次问卷调查结果可以看出，四年一贯递进式实践教学校地合作培养模式下的 C 校 2017 届小学教育（全科教师）专业毕业生在班级管理与德育管理上已经取得不错的成绩，但是 C 校还可以通过在小学全科教师人才培养方案中增加教育教学实践实训类课程，注重理论与实践相结合，引导学生在教育教学实践实训活动中，将所学班级管理与德育管理的理论性知识转化为实践性知识，锻炼实际教育教学情境下的管理技能，在实践实训中不断反思，培养班级管理、德育管理的创新思想和创新能力，形成一套切实可行且科学合理的小学班级指导方案，为学生工作后实施班级管理工作打下基础。这样该校学生的班级指导能力一定会有更大突破。

著名教育学家杜威提出“做中学”的教育思想，强调从实际出发，在实践中检验真理。①所以，针对师范生人际交往能力的提升，高等师范院校可以增加实训

---

① 转引自单中惠. “从做中学”新论[J]. 华东师范大学学报（教育科学版），2002，20（3）：77-83.

类课程的开设。例如，人际关系的分析、沟通的技巧、语言的艺术等，并提供真实教育活动案例，让学生通过小组讨论或者角色扮演，在讨论中相互交流、取长补短，在角色扮演中体验人际关系的复杂性和重要性，从而了解教师要承担的工作。首先，作为“传道者”，教师要处理好和学生的关系，与学生建立有效的沟通方式；其次，作为学校和家庭沟通的“桥梁”，教师还要与学生家长进行经常的、密切的合作与交流，并处理好和同事的关系，“三人行，必有我师焉”，互相学习、交流教学经验，达到共同进步的目的；最后，作为小学教育工作的重要一员，教师要注意加强与学校同事和领导间的沟通交流，既要乐于与同事分享工作日常、互帮互助、共同成长，也应积极主动向学校直系领导汇报日常教育教学工作、反馈工作问题，为学校的发展与建设建言献策，进而在提升自我教育教学素养的同时，也提高整个学校的教育教学质量。

总之，人际关系是一门艺术，只有不断地学习和实践，才能臻于娴熟。希望通过这些实训课程的学习，小学教育（全科教师）专业学生能够积累更多的经验与教训，在日后的一线工作中，从自身实际出发，建立一个和谐的人际关系。

二、深化小学班队管理课程教学

小学班队管理是小学教师的必备能力之一，这就要求小学教师不仅要具备小学班队组织管理的能力，还要学习和掌握共青团与少先队等学生社团群体的建设方法。从问卷调查结果来看，C 校 2017 届小学教育（全科教师）专业毕业生在少先队与共青团建设方面的能力还有待提高。因此，部分毕业生建议学校可以增强小学班队管理课程的教学深度和广度，适当增加课时或者调整教学方式。所以，授课教师在教授该课程时，可以适当调整或改变教学方式，在讲解理论知识的基础上，多一些实际案例的分析与讨论，或者分享一线优秀小学教师班队管理的活动视频。另外，在校地合作培养中，学校可以增设名师讲堂等课程，请名师为学生传授小学班队管理的优秀方法，拓展学生的视野，提高学生的认知水平。除此之外，少先队与共青团建设是我国义务教育阶段德育管理的重要工作，它对实现“立德树人”的教育任务具有重要作用。因此，高等师范院校应为师范生开设专门的课程，给师范生普及少先队与共青团之于“立德树人”的重要性，讲授在中小学开展少先队与共青团建设工作的具体路径，以及如何在中小学生群体中发挥少先队与共青团的优势，通过班队活动方案的设计、开展班队活动的仿真模拟、一线优秀小学教师班队活动案例的评析等方式，充分锻炼师范生有关少先队与共青团建设和活动组织能力，进而促进中小学生树立正确的人生观、世界观、价值观。

三、深入贯彻四年一贯递进式校外实践教学培养模式下的专业实习活动

“纸上得来终觉浅，绝知此事要躬行。”C 校的四年一贯递进式校外实践教学培养模式下的师范生专业实习活动，即大一见习、大二助教、大三试做、大四顶岗，便达到了理论联系实践的目的。从调查结果来看，有 88%的毕业生认为四年一贯递进式的专业实习活动对他们的实际教学工作是有效的，还有部分毕业生表示，其中大四的顶岗更加有效。由此可见，C 校 2017 届小学教育（全科教师）专业毕业生对四年一贯递进式校外实践教学培养模式下的专业实习活动较为满意。由此可见，这种根据专业学习的进程安排的递进式校外实践体验在培养师范生教师职业素养，特别是班级管理能力方面，具有较为积极的影响，可继续坚持贯彻，并对实践内容加以优化。首先，要结合专业教学进度对每一次的校外实习活动提出具体要求。例如，大一的见习结束后，结合基础心理学的学习，试着针对学生个案，分析小学生的心理变化并提出相应的解决措施，这样可以让他们在每一次的实习活动结束后都能够有所收获。其次，可以多在实习小学举办师范生技能大赛之类的比赛，给学生营造真实的教学情境，让学生从此类活动中夯实基础，检验成果，汲取经验，以避免“菜鸟上路”的尴尬。总而言之，每个阶段的实习活动对于小学教育（全科教师）专业的学生来说，都是一次很好的锻炼机会。在不同阶段的实习活动中，小学教育（全科教师）专业学生可将所学理论性知识应用于实际教育教学情境中，不断反思、不断修正，进而形成既适用于实际小学教育情境又符合自身教育教学知识体系的教育实践性知识。

第九章

综合育人视角下小学全科教师校地合作培养成效

第一节　观测点剖析

“师者，所以传道受业解惑也。”自古，教师就不仅仅是简单的教书匠，还担任着教授学生如何为人处世的重任。如今，随着新课程改革的推进，教育部门越来越重视教师的综合育人能力。依据我国《小学教育专业认证标准（第二级）》，综合育人是小学教育专业学生毕业的要求之一。综合育人是体现育人为本理念、适应小学综合育人工作需要的教师专业核心能力。它要求小学教育（全科教师）专业学生了解小学生身心发展和养成教育规律，了解学校文化和教育活动的育人内涵和方法，理解学科育人价值，能够结合学科教学开展育人活动，能够参与组织主题教育、少先队活动和社团活动，促进学生全面、健康发展。因而，综合育人是小学教育（全科教师）专业学生提高教育教学能力的前提和保证，也是促进小学生全面发展的重要途径。由此可见，不论是师范生的教师职业发展需求，还是小学教育教学工作的实际需要，优秀的综合育人能力是一位高素质教师必备的专业素养之一。因而，当我们考察小学全科教师校地合作培养模式的成效时，将综合育人作为一个观测点，以期从这个视角探析四年一贯递进式实践教学校地合作培养模式在综合育人方面所取得的成效。

综合育人，是体现育人为本理念、适应小学综合育人工作需要的教师专业核心能力。本次调查，我们从以下两个方面衡量C校2017届小学教育（全科教师）专业毕业生的综合育人能力——德育技能、德育渗透。

德育技能，是指教师在德育活动中所采用的方法与技巧，它能够间接影响教师德育活动的成效。对于小学教师而言，具备较高的德育技能是必须的。

德育渗透，是指教师将德育内容融入教学，并贯穿教学始终，与教学有效地结合起来，并有一定时间保障其顺利完成。[①]本次调查中的德育渗透是指教师在学科教学或日常生活中，对学生进行德育教育。它能够体现教师的育人理念是否以德育为先。

如果C校2017届小学教育（全科教师）专业毕业生能够拥有较好的德育技能，

① 郭勤.小学语文识字教学的文化渗透研究[D].山东师范大学硕士学位论文，2016.

并且能够做到德育渗透，那么我们就认为该毕业生在四年一贯递进式实践教学校地合作培养模式下拥有较好的综合育人能力。

本次调查中，我们设置了“学生德育与心理健康辅导技能”等三个题器，来考察用人单位对C校2017届小学教育（全科教师）专业毕业生在德育技能和德育渗透两个方面工作的评价（表9-1）。1代表非常不满意，2代表比较不满意，3代表一般，4代表比较满意，5代表非常满意，三个题器累计记分，分值越高，意味着用人单位对该校毕业生在综合育人工作上的表现越满意。同时，我们还设置了“我能独立承担或协助少先队与共青团的建设与管理工作”等六个题器，来了解2017届小学教育（全科教师）专业毕业生对自己在德育技能和德育渗透两个方面工作的自我评价（表9-2）。1代表完全不符合，2代表比较不符合，3代表不确定，4代表比较符合，5代表完全符合，六个题器累计记分，分值越高，意味着该校毕业生对自己在综合育人工作上的评价越积极。综合上述两个方面，如果用人单位越满意且毕业生自我评价越积极，则表明在四年一贯递进式实践教学校地合作培养模式下的C校小学教育（全科教师）专业毕业生的综合育人能力越高，进而可知该模式在师范生综合育人能力的培养上成效较好。

表9-1　综合育人满意度的因子构成和题器设置（用人单位问卷）

指标	因子	题器
综合育人	德育技能	学生德育与心理健康辅导技能
	德育渗透	校园文化活动和社团活动的策划与组织
		学科类和思政类课程教育中的德育渗透

表9-2　综合育人自评指数的因子构成和题器设置（毕业生问卷）

指标	因子	题器
综合育人	德育技能	我能独立承担或协助少先队与共青团的建设与管理工作
		我能对学生进行德育和心理辅导
	德育渗透	我能通过学科类和思政类课程教学进行德育渗透
		我注重培养学生养成良好的生活习惯
		我能将学校所在地文化融入教育教学中
		我重视利用乡土文化培养学生热爱家乡的情感

第二节　调查数据分析

一、综合育人及其因子的描述性分析

本次调查的两份问卷中，综合育人子量表均由德育技能和德育渗透两个因子构成。通过调查用人单位对 C 校 2017 届小学教育（全科教师）专业毕业生工作期间展现的综合育人能力的具体态度，我们能够了解用人单位对该校毕业生综合育人能力的满意程度（简称综合育人满意度）；通过调查该校 2017 届小学教育（全科教师）专业毕业生对自己综合育人能力的感知，我们还能够了解该校毕业生对自己综合育人能力的评价（简称综合育人自评指数）。综合两者，我们既可以全面把握该校 2017 届小学教育（全科教师）专业毕业生在综合育人这一指标上的胜任力，还可以了解该校四年一贯递进式实践教学校地合作培养模式在小学教育（全科教师）专业学生的综合育人能力培养上的成效。

首先，根据用人单位问卷中综合育人满意度的频次分析，我们发现，用人单位对 C 校 2017 届小学教育（全科教师）专业毕业生在综合育人方面的满意度为 88.48 分（总分为 100 分），标准差为 16.459 分，呈负偏态分布（图 9-1）。52.1% 的用人单位受访者在综合育人满意度上打分为 100 分。这表明用人单位对该校 2017 届小学教育（全科教师）专业毕业生的综合育人总体满意度较高。

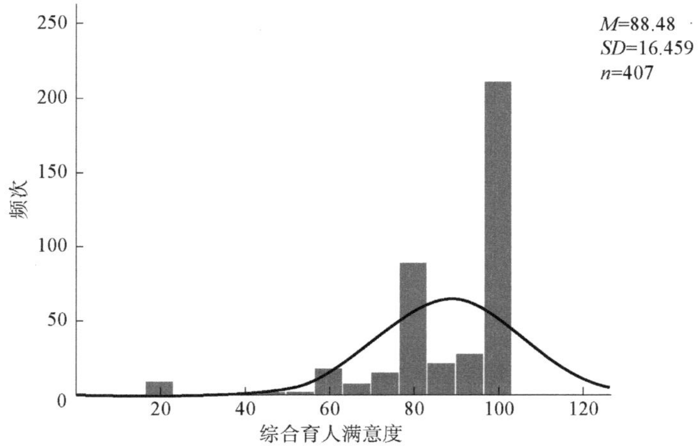

图 9-1　综合育人满意度的频次分布（用人单位问卷）

其次，对毕业生问卷中的综合育人自评指数进行频次分析，结果显示，C 校 2017 届小学教育（全科教师）专业毕业生对自己的综合育人能力的评分为 86.02 分（总分为 100 分），标准差为 10.603 分，呈正偏态分布（图 9-2）。58%的毕业生对自己综合育人方面的评分超过 80 分，其中，76 名毕业生的评分超过 90 分。这表明该校 2017 届小学教育（全科教师）专业毕业生对自己综合育人能力评价较高。

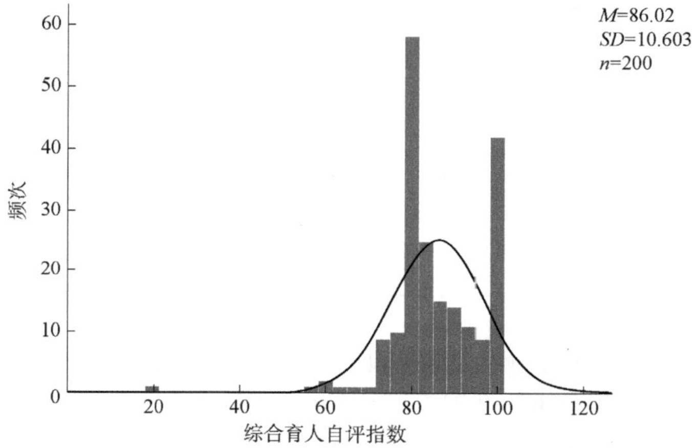

图 9-2　综合育人自评指数的频次分布（毕业生问卷）

综合以上两个方面的统计结果可知，无论是用人单位对毕业生的综合育人能力，还是毕业生对自己的综合育人能力，都评价较高。换言之，该校 2017 届小学教育（全科教师）专业毕业生在综合育人指标上表现出较好的胜任力，人岗匹配程度较高，同时表明四年一贯递进式实践教学校地合作培养模式在师范生综合育人能力的培养上成效良好。

为进一步了解 C 校 2017 届小学教育（全科教师）专业毕业生在综合育人指标上的具体表现，我们对该指标的各个因子进行了深入分析。结果发现，比较而言，用人单位对该校 2017 届小学教育（全科教师）专业毕业生的德育技能更为满意，评分为 88.70 分；其次是德育渗透，评分为 88.38 分（表 9-3）。

表 9-3　综合育人满意度中两个因子的总体情况

特征值	德育技能	德育渗透
M	88.70	88.38
max	100.00	100.00
min	20.00	20.00
SD	17.31	16.44
总分	100.00	100.00

表 9-4 综合育人自评指数及其二因子的总体情况对毕业生问卷数据进行分析后，发现情况恰恰相反。通过进一步对毕业生问卷中综合育人两个因子进行频次分析，结果显示，毕业生对自己的德育渗透评分更高，为 86.60 分；其次是德育技能，评分为 84.85 分（表 9-4）。

表 9-4　综合育人自评指数及其二因子的总体情况

特征值	德育技能	德育渗透
M	84.85	86.60
max	100.00	100.00
min	20.00	20.00
SD	12.03	10.68
总分	100.00	100.00

此外，与其他学校毕业生的教师职业素养相比发现，C 校毕业生在对学生身心发展和养成教育规律的把握方面被选中 215 次，排名第 9；在校园文化活动和社团活动的策划与组织方面被选中 178 次，排名第 13；在学生德育与心理健康辅导技能方面被选中 168 次，排名第 15（表 4-3）。这说明用人单位认为该校 2017 届小学教育（全科教师）专业毕业生的综合育人能力尤其是德育技能，还有待进一步提高。

二、用人单位问卷中综合育人满意度的差异性分析

在该部分，我们将通过人口学变量（性别、年龄、工龄、政治面貌、工作关系、单位所在区县、单位所在地）来分析用人单位受访者对 C 校 2017 届小学教育（全科教师）专业毕业生在综合育人指标上的满意度差异。

1. 自然特征变量：性别/年龄/工龄/政治面貌

对用人单位受访者的自然特征变量进行初步分析后，我们发现，综合育人满意度在性别（F=8.937，p=0.003）、年龄（F=2.511，p=0.041）和政治面貌（F=6.079，p=0.003）这三个变量上均存在显著性差异，而在工龄（F=0.908，p=0.475）这个变量上不具有统计学意义上的显著性差异（表 9-5）。

表 9-5 综合育人满意度在用人单位受访者的自然特征变量上的差异性

自然特征变量	分组	M	n	F	p
性别	男性	85.89	189	8.937	0.003
	女性	90.73	218		
年龄	20—29 岁	89.03	155	2.511	0.041
	30—39 岁	90.36	119		
	40—49 岁	88.60	86		
	50—59 岁	80.21	32		
工龄	5 年及其以下	90.37	180	0.908	0.475
	6—10 年	87.46	76		
	11—19 年	88.30	57		
	20—29 年	87.34	59		
	30—39 年	84.00	20		
	40 年及以上	80.00	1		
政治面貌	共青团员	90.56	77	6.079	0.003
	共产党员	85.26	175		
	普通群众	91.10	155		

（1）综合育人满意度及其二因子在用人单位受访者的性别上存在显著性差异

具体考察用人单位不同性别受访者在综合育人满意度及其二因子上的差异，我们发现，不同性别的用人单位受访者不仅在综合育人满意度上存在显著性差异（F=8.937，p=0.003），而且在德育技能（F=9.235，p=0.003）和德育渗透（F=8.343，p=0.004）两个因子上也存在显著性差异。

如图 9-3 所示，在综合育人满意度上，男性受访者的评分（85.89 分）明显低于女性受访者的评分（90.73 分），两者评分的分差为 4.84 分。不同性别受访者在评分上的这种差异也在综合育人两个因子上得到体现。在德育技能因子上，男性受访者的评分（85.93 分）明显低于女性受访者的评分（91.10 分）；在德育渗透因子上，男性受访者的评分（85.87 分）也明显低于女性受访者的评分（90.55 分）。结合表 9-5 可知，用人单位的女性受访者对 C 校 2017 届小学教育（全科教师）专业毕业生在综合育人方面的满意度显著高于男性受访者，这一差异也显著表现在德育技能和德育渗透上。

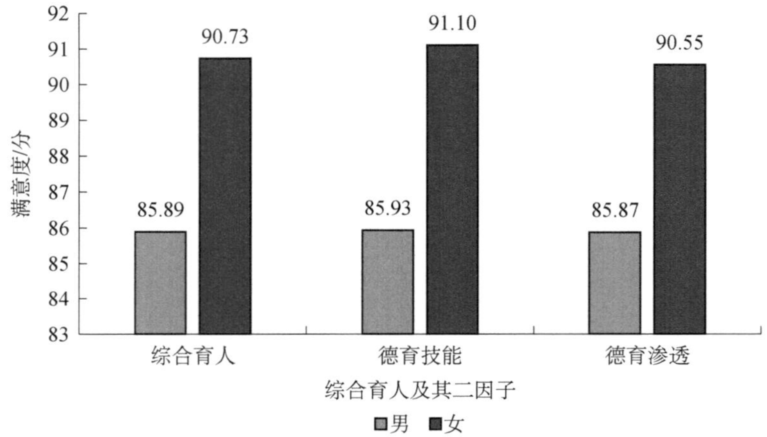

图 9-3 综合育人满意度及其二因子在用人单位受访者性别上的差异性分析

（2）综合育人满意度及其二因子在用人单位受访者年龄上存在显著性差异

具体考察综合育人满意度及其二因子在用人单位受访者年龄上的差异，我们发现，不同年龄段的用人单位受访者不仅在综合育人满意度上存在显著性差异（F=2.511，p=0.041），而且在德育技能（F=2.496，p=0.042）和德育渗透（F=2.408，p=0.049）两个因子上也存在显著性差异。

如图 9-4 所示，在综合育人满意度上，30—39 岁受访者的评分最高（90.36 分），20—29 岁的受访者和 40—49 岁的受访者的评分几乎相等，50—59 岁受访者的评分最低（80.21 分）。其中，在德育技能因子上，30—39 岁的受访者评分最高（90.59 分），其次为 20—29 岁的受访者（89.42 分），再次为 40—49 岁

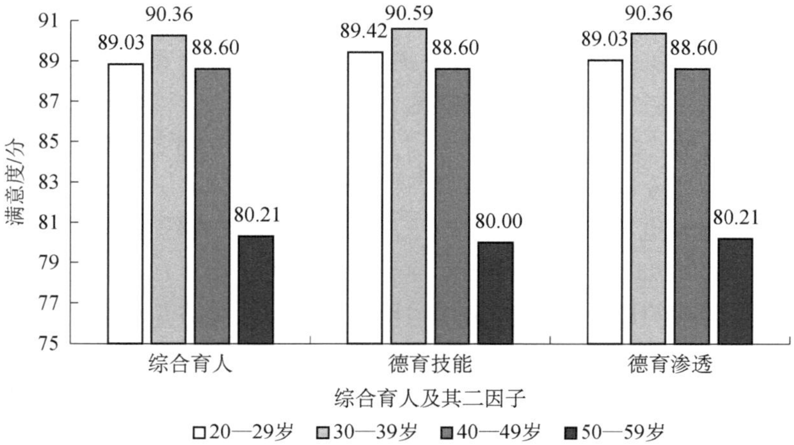

图 9-4 综合育人满意度及其二因子在用人单位受访者年龄上的差异性分析

的受访者（88.60 分），50—59 岁受访者评分最低（80.00 分）；在德育渗透因子上，结果也是一样，30—39 岁受访者评分最高（90.36 分），20—29 岁的受访者和 40—49 岁的受访者的评分相差无几，50—59 岁的受访者评分最低(80.21 分)。由此可见，无论是总体的综合育人满意度还是德育技能、德育渗透满意度都呈现出以下特征：以 40 岁为界限，用人单位受访者越年轻，打分越高，其中，30—39 岁受访者的打分达到最大值；40 岁及以上的受访者中，越年长的受访者打分越低，其中，50—59 岁受访者的打分达到最小值。

（3）综合育人满意度及其二因子在用人单位受访者的政治面貌上存在显著性差异

具体考察综合育人满意度及其二因子在用人单位受访者政治面貌上的差异，我们发现，不同政治面貌的用人单位受访者不仅在综合育人满意度上存在显著性差异（F=6.079，p=0.003），而且在德育技能（F=7.577，p=0.001）和德育渗透（F=5.090，p=0.007）上也存在显著性差异。

如图 9-5 和表 9-5 所示，在综合育人满意度上，共产党员的评分（85.26 分）低于共青团员的评分（90.56 分）和普通群众的评分（91.10 分），方差检验所得的 F 值为 6.079，且在 0.05 统计水平上显著，这说明共产党员受访者对 C 校 2017 届小学教育（全科教师）专业毕业生综合育人的满意度显著低于共青团员和普通群众，且共青团员与普通群众对该校毕业生的综合育人满意度十分接近。在德育技能因子上，共产党员受访者的评分（84.91 分）也低于共青团员（91.43 分）和普通群众的评分（91.61 分），方差检验所得的 F 值为 7.577，且在 0.05 统计水平上显著，这说明共产党员受访者对该校 2017 届小学教育（全科教师）专业毕业生德育技能的满意度显著低

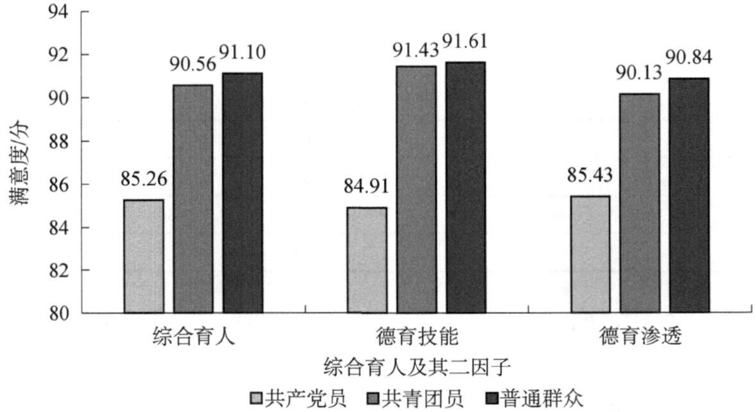

图 9-5 综合育人满意度及其二因子在用人单位受访者政治面貌上的差异性分析

于共青团员和普通群众，且共青团员与普通群众对该校 2017 届小学教育（全科教师）专业毕业生德育技能的满意度十分接近。在德育渗透因子上，共产党员受访者的评分（85.43 分）低于共青团员的评分（90.13 分）和普通群众的评分（90.84 分），方差检验所得的 F 值为 5.090，且在 0.05 统计水平上显著，这说明共产党员受访者对该校 2017 届小学教育（全科教师）专业毕业生德育渗透的满意度显著低于共青团员和普通群众，且共青团员与普通群众对该校 2017 届小学教育（全科教师）专业毕业生德育渗透的满意度十分接近。

2. 工作特征变量：工作关系/单位所在区县/单位所在地

对用人单位受访者的工作特征变量进行分析后发现，用人单位受访者对 C 校 2017 届小学教育（全科教师）专业毕业生的综合育人满意度在工作关系（F=5.102，p=0.001）上存在显著性差异，而在单位所在区县（F=1.471，p=0.177）和单位所在地（F=1.225，p=0.295）上不存在显著性差异（表 9-6）。

表 9-6 综合育人满意度在用人单位受访者的工作特征变量上的差异性

工作特征变量	分组	M	n	F	p
工作关系	下属	91.33	10	5.102	0.001
	平级同事	90.26	267		
	顶头上司	86.80	98		
	越级上司	84.00	10		
	其他	75.15	22		
单位所在区县	丰都	84.66	73	1.471	0.177
	奉节	91.54	52		
	涪陵	90.00	2		
	开州	93.33	24		
	梁平	87.22	84		
	彭水	91.71	37		
	黔江	86.32	39		
	云阳	89.02	34		
单位所在地	市区	85.51	23	1.225	0.295
	乡镇	89.20	308		
	村	86.49	76		

对用人单位受访者的综合育人满意度进行比较时，我们发现，与 C 校 2017 届小学教育（全科教师）专业毕业生关系不同的受访者，对其综合育人能力的满意度存在显著性差异（F=5.102，p=0.001），而且呈现出受访者职位越高，对其综合

育人能力满意度越低的趋势。其中，方差分析结果显示，职位不同的用人单位受访者对毕业生德育技能和德育渗透的满意度也有不同，且方差分析所得的 F 值分别为 5.120 和 4.848，在 0.01 统计水平上显著。如图 9-6 所示，毕业生在用人单位中的下属对其综合育人的满意度最高，评分为 91.33 分；而越级上司对其综合育人的满意度最低，评分为 84.00 分。同样的情况表现在用人单位对毕业生的德育技能和德育渗透满意度的评分上。

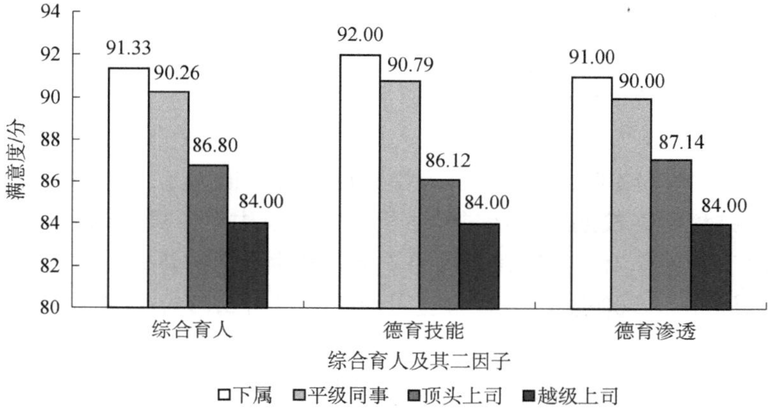

图 9-6 综合育人满意度及其二因子在工作关系上的差异性分析

三、毕业生问卷中综合育人自评指数的差异性分析

在该部分，我们将通过性别、政治面貌、在校期间身份这三个变量来分析校地合作培养模式下 C 校 2017 届小学教育（全科教师）专业毕业生在综合育人指标上的自评指数差异。对这三个变量进行初步分析后，我们发现，综合育人自评指数在在校期间身份这个变量上存在显著性差异（F=5.394，p=0.021），而在性别（F=2.646，p=0.105）和政治面貌（F=0.087，p=0.917）这两个变量上不具有统计学意义上的显著性差异（表 9-7）。

表 9-7 综合育人自评指数在三种变量上的差异性

自变量	分组	M	n	F	p
性别	男性	83.51	38	2.646	0.105
	女性	86.60	162		
在校期间身份	学生干部（包括社团干部）	87.94	89	5.394	0.021
	普通学生	84.47	111		

续表

自变量	分组	M	n	F	p
政治面貌	共青团员	86.26	116	0.087	0.917
	共产党员	85.91	31		
	普通群众	85.53	53		

具体考察综合育人自评指数及其二因子在毕业生在校期间身份上的差异时，我们发现，在校期间不同身份的毕业生在综合育人（F=5.394，p=0.021）和德育渗透自评指数上存在显著性差异（F=5.734，p=0.018），而在德育技能自评指数上不存在显著性差异（F=3.553，p=0.061）。

如图 9-7 和表 9-7 所示，在综合育人自评指数上，学生干部的评分（87.94 分）高于普通学生的评分（84.47 分），方差检验得到的 F 值为 5.394，且在 0.05 统计水平上显著，这说明在校期间担任过学生干部的毕业生对自身的综合育人能力的满意度显著高于普通学生。在德育渗透因子上，学生干部的评分（88.60 分）也高于普通学生的评分（85.00 分），方差检验得到的 F 值为 5.734，且在 0.05 统计水平上显著，这说明在校期间担任过学生干部的毕业生对自身的德育渗透的满意度显著高于普通学生。由此可以看出，在校期间担任过学生干部的毕业生比普通学生对自身综合育人和德育渗透的评价要高些。

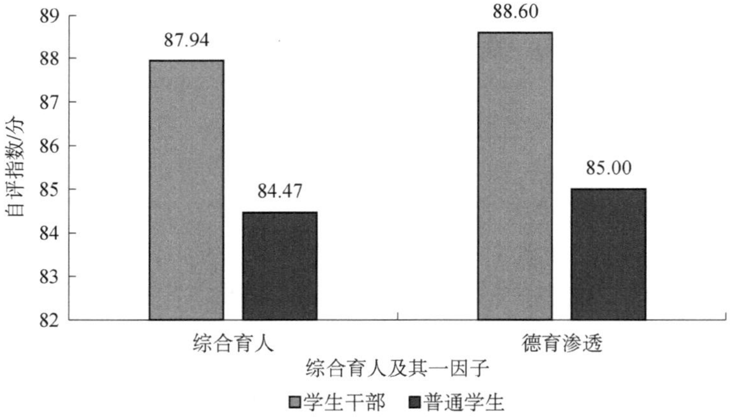

图 9-7　综合育人自评指数及其一因子在毕业生在校身份上的差异性分析

四、综合育人自评指数的影响因素分析

通过相关分析发现，毕业生的综合育人自评指数与其对在校期间所学各项知

识技能的满意度有不同程度的显著相关。进一步使用 Stata 15.0 统计软件对其进行方差分析和回归分析，结果显示，毕业生在校期间所学的小学生身心发展和认知特点知识（F=42.272，p=0.000）、独立备课和上课的能力（F=36.308，p=0.000）和自我反思技能（F=25.316，p=0.000）对其综合育人自评指数的影响显著。整体而言，随着对在校期间上述三项知识技能学习满意度的提高，毕业生的综合育人自评指数也会显著提高（图 9-8）。

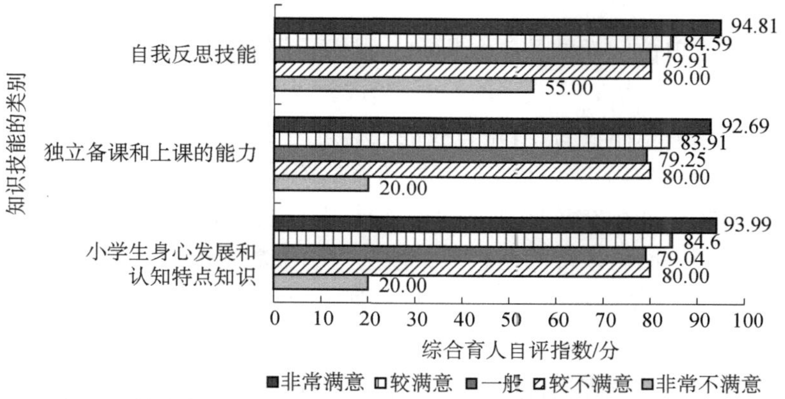

图 9-8　综合育人自评指数与三项知识技能学习满意度之间的关系

另外，毕业生的综合育人自评指数与其对在校期间所参与的各项课内外实训活动的满意度也有不同程度的显著相关。进一步使用 Stata 15.0 统计软件对其进行方差分析和回归分析，结果显示，显著影响毕业生综合育人自评指数的在校活动依次是提供优秀教师课堂案例视频（F=33.899，p=0.000）和课堂实训活动（F=31.363，p=0.000）。而且，毕业生对在校期间参与的课堂实训活动和学校提供的优秀教师课堂案例视频的有效性评价越高，其综合育人自评指数也会越高（图 9-9）。

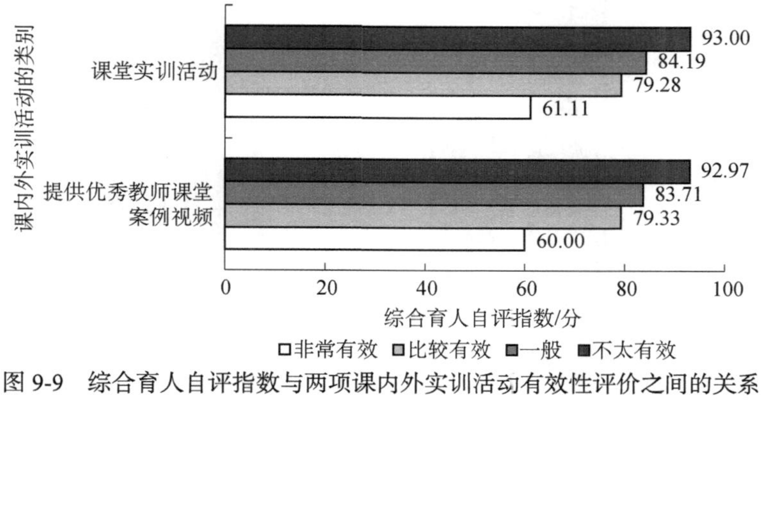

图 9-9　综合育人自评指数与两项课内外实训活动有效性评价之间的关系

第三节 小结与讨论

一、用人单位对毕业生的综合育人满意度总体较高

从本次用人单位问卷的数据分析中，我们了解到，用人单位对四年一贯递进式实践教学校地合作培养模式下的C校2017届小学教育（全科教师）专业毕业生的综合育人满意度总体较高，而德育技能还有进一步提升的空间。因为将该校2017届小学教育（全科教师）专业毕业生与其他学校毕业生的能力优势作比较，发现用人单位对该校毕业生在校园文化活动和社团活动的策划与组织及学生德育与心理健康辅导技能方面的评价相对较低，被选中的次数均较少，分别为178次、168次。这说明该校2017届小学教育（全科教师）专业毕业生在这两个方面还有较大的提升空间。

从用人单位问卷数据的总体分析来看，在综合育人满意度的二因子中，用人单位对德育技能的满意度较高于德育渗透，而C校2017届小学教育（全科教师）专业毕业生的德育渗透自评指数却高于德育技能自评指数（图9-10）。同时结合能力优势表（表4-3）呈现的结果，我们可以得出如下结论：与其他学校毕业生相比，C校2017届小学教育（全科教师）专业毕业生总体上在班级指导工作上表现较优秀，但在德育技能方面还需进一步提升。

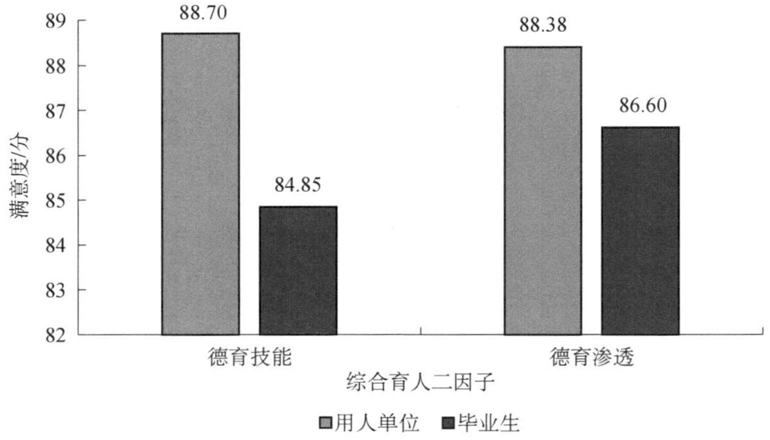

图9-10 综合育人二因子在用人单位与毕业生自评上的均值比较

二、用人单位领导对毕业生的综合育人满意度相对较低

从用人单位问卷中综合育人满意度的差异性变量分析中，我们发现，工作关系会显著影响用人单位受访者对毕业生综合育人能力的满意度，并且呈现出受访者职位越高，满意度越低的趋势。这一趋势在德育渗透这一因子上表现得最为突出。众所周知，小学教师的综合育人能力是指向“立德树人”这一教育事业的根本任务的。《教育部关于全面深化课程改革落实立德树人根本任务的意见》指出：“统筹各学科，特别是德育、语文、历史、体育、艺术等学科。充分发挥人文学科的独特育人优势，进一步提升数学、科学、技术等课程的育人价值。同时加强学科间的相互配合，发挥综合育人功能，不断提高学生综合运用知识解决实际问题的能力。”然而，这对于刚刚适应一线小学学科教学工作的毕业生而言，难度较大。通过个别访谈发现，这批刚工作一年的 C 校毕业生在有限的教育教学工作时间里将更多的精力放在了学科知识教学上。在综合育人方面，他们更多通过传统的班级活动、少先队活动或德育课程来完成既定的德育工作，很少主动挖掘不同学科知识背后的德育元素，因而德育渗透工作相对随意。对此，具备丰富德育工作经验的学校领导更容易在工作交流中发现这一问题，因此对 C 校毕业生的综合育人满意度评分相对较低。

三、学生干部在综合育人自评指数上显著高于普通学生

从综合育人自评指数的差异性分析中，我们发现，在校期间担任过学生干部的毕业生比未担任过学生干部的毕业生对综合育人的自评分数显著高些尤其是在德育渗透因子上，学生干部的自评分数为 88.60 分，明显高于普通学生的自评分数（85.00 分）。这说明在校期间的任职经历对学生的综合育人能力有一定的影响，且担任过学生干部的毕业生对自身的综合育人能力更有信心。深入了解发现，无论是班级干部还是学生会干部、社团干部，学生在任职期间均可以通过校园活动的组织、人际关系的处理，来提高自己的沟通能力、随机应变能力、组织管理能力等，直接或间接地获得德育工作的宝贵经验，培养应对突发问题的德育机制，进而提升他们的德育能力。

四、课程设置对综合育人自评指数具有影响

首先，C 校 2017 届小学教育（全科教师）专业毕业生在校期间所学的小学生

身心发展和认知特点知识、自我反思技能，以及培养的独立备课和上课的能力均会对其综合育人自评指数产生显著的积极影响。分析该校小学教育（全科教师）专业人才培养方案的具体落实可知，该校为小学教育（全科教师）专业学生开设了专门的小学心理学、小学班队管理等课程，这些课程有助于师范生系统了解儿童的道德发展规律、中外道德教育理论等内容。此外，C 校还凭借 GSP 综合素质拓展平台，为师范生营造了良好的实践实训活动氛围，将挖掘出的德育要素融入各种实践实训活动中，让师范生在参与活动过程中提升其德育能力。

其次，C 校在教学活动中为学生提供的优秀教师课堂案例视频和课堂实训活动也会显著影响毕业生的综合育人自评指数。在当前的教师教育课程中，不少学校开设了小学德育论、小学生品德发展与道德教育等关于儿童心理发展与教育方法的专业课程。但是，在实践中这类道德教育专业基础课程往往存在理论性太强、内容更新不及时等问题。道德教育理论涉及哲学、社会学、心理学等多学科内容，且本身具有较强的理论性、思辨性，对不少师范生来说，是晦涩难懂、难以理解的。为了解决上述问题，C 校力求在学科教学中进行德育渗透，将道德教育理论与实践相结合。该校小学教育（全科教师）专业专职教师被提倡在授课过程中多借鉴典型德育工作案例，利用案例来阐释道德教育中的相关概念，以增进师范生对抽象概念的理解。例如，学校生活中师生日常交往的事件、学生个体成长中的故事、班级管理中的具体案例等现象背后往往蕴含着深刻又复杂的理论问题，这些都可以作为联系理论与实践的桥梁。

第四节　改进措施与建议

通过以上数据分析，虽然四年一贯递进式实践教学校地合作培养模式下 C 校 2017 届小学教育（全科教师）专业毕业生的综合育人能力较强，但也存在一些可以提升的方面，具体如下。

一、优化德育类学科教学

从调查结果来看，不仅用人单位的部分受访者表示 C 校 2017 届小学教育（全科教师）专业毕业生在德育工作上尚有提升空间，而且部分毕业生也对自己在实际德育工作中的表现并不满意。虽然该校开设了教师职业道德规范、形势与政策等师风师德培养课程和教育心理学、小学班队管理等内含小学道德发展的课程，但是由于在课程教学中存在偏理论轻实践的问题，很难将育德理论转换为实际育德思想和育德行为。不仅如此，这些课程还没有及时追踪国内外道德教育理论研究的最新进展。因此，首先，高等师范院校可以适当增加德育类课程的课时，并要求任课教师及时关注理论研究前沿，不断更新和丰富课程内容，在课程中及时补充关于国内外道德教育理论研究的最新成果。其次，任课教师在这类德育类课程教学时可以适当增加实训类活动。例如，将实际小学生德育工作中的问题以任务包的形式下发给师范生，鼓励其通过合作探究、方案设计和仿真模拟等方式尝试解决，以培养师范生符合新时代发展需求的育德思想，并掌握有效的育德技巧。同时，师范生还应充分利用校地合作培养模式的优势，抓住在实际小学教学中见习、助教和实习的机会，学习优秀教师综合育人的方法，亲身实践，提升自身综合育人能力。最后，在课程考核上，可考虑实施多元评价，在重视对育德理论、小学生道德发展规律等理论性知识进行考察的同时，也可通过师范生在校内实训活动、校外见习中展现出来的育德行为和成果来衡量师范生的综合育人能力。另外，还可将校外实践基地小学的指导教师、小学生作为评价主体，与师范院校教师一同评价师范生的综合育人能力。

二、深化小学心理学课程学习

在综合育人自评指数的差异分析中，我们发现，毕业生在校期间所学的小学生身心发展和认知特点知识对其综合育人自评指数有着显著积极影响。了解小学生身心发展和认知特点是小学教师完成教学工作的必要能力之一，而在 C 校小学教育（全科教师）专业培养方案的课程设置中，小学心理学作为核心专业课程，是提高学生此方面能力的关键，因此，一定要督促学生深化对小学心理学课程的学习，从而提高他们在了解和掌握小学生身心发展和认知特点方面的能力。首先，高等师范院校教师应避免“纸上谈兵”，针对专业的特殊性、教育对象的多样性和复杂性，面向农村定向师范生，可以在教学内容上增加关于留守儿童或山区儿童等心理辅导的内容。其次，高等师范院校教师在教学时应多与一线小学教师的教学实际相结合，为学生提供可分析的教学实例。最后，师范生个人也应更加积极主动地开展“做中学”。到小学实习时，师范生应注意观察小学生的心理行为特点，结合自己所学知识进行分析或向老师询问，主动对所学育德知识与技能进行反思；也可以搜集在见习、助教和顶岗期间观察到的小学生行为，将育德工作中遇到的困难记录下来，在实习结束返校后主动提出来与师范院校教师和同学一起讨论，促进实践性知识的内化。

三、建立优质教学资源库

随着科学技术的高速发展，我们正在步入数字化时代，学习的渠道变得多样化，高校建立网络资源库也变得普遍起来。从调查的结果来看，部分毕业生提出学校可以多提供一些优质教学资源，或者多开设讲座，他们认为这些资源对他们的综合育人能力提高有着较大帮助。因此，首先，高等师范院校可以建立一个完善、系统、优质的教学资源库，库中所有资源供学生免费观看，甚至通过学分制等措施，激励学生主动运用该资源库。其次，资源库中除包含一线名师的优质课堂实例视频外，学校还可将每次的“名师讲堂”讲座录下来，之后再上传至资源库，供学生随时观看。同时，高等师范院校可将课堂教学与资源库连接起来，教师在课中给学生播放的案例视频，学生也可自己在资源库中自行搜索和观看。最后，资源库中的资源要定期更新，保证与时俱进，为学生正式进入教学岗位奠定基础。

第十章

反思能力视角下小学全科教师校地合作培养成效

第一节 观测点剖析

2018 年 9 月 10 日，全国教育大会在北京召开，习近平总书记出席会议并发表重要讲话。其中谈到了要“坚持深化教育改革创新……坚持把教师队伍建设作为基础工作”①。在教育的改革创新中，教师的反思能力起着至关重要的作用。教师在对教育教学活动进行反思的过程中，其教育思想得到提升，教学行为发生转变，进而才能推动基础教育教学工作的全面改革。另外，教育部研究制定的《小学教师专业标准（试行）》作为国家颁布的教师标准，是对小学教师专业的核心价值和合格小学教师具体要求的界定。其中提出了“师德为先、学生为本、能力为重、终身学习”四项核心价值，同时还强调小学教师应“把学科知识、教育理论与教育实践有机结合，突出教书育人实践能力。坚持实践、反思、再实践、再反思，不断提高专业能力”。教育部印发的《教师教育课程标准（试行）》中则进一步提出“教师是反思性实践者，在研究自身经验和改进教育教学行为的过程中实现专业发展。教师教育课程应强化实践意识，关注现实问题，体现教育改革与发展对教师的新要求。教师教育课程应引导未来教师参与和研究基础教育改革，主动建构教育知识，发展实践能力；引导未来教师发现和解决实际问题，创新教育教学模式，形成个人的教学风格和实践智慧”。因此，反思能力必然成为小学全科教师应具备的重要教育教学能力之一。所以，在考察 C 校四年一贯递进式实践教学校地合作培养模式的成效时，反思能力将成为一个重要的衡量指标。

教师的反思能力主要是指在教育教学活动中，教师将教学活动本身作为意识的对象，不断地对自我及教学进行积极、主动的计划、检查、评价、反馈、控制和调节的能力。②这种能力主要表现在两方面：一是自我监控能力，即教师能够对专业自我进行观察、判断、评价、设计的能力；二是教学监控能力，即教师能够对教学活动的内容、对象和过程进行计划、安排、评价、反馈、调节

---

① 习近平出席全国教育大会并发表重要讲话[EB/OL].（2018-09-10）[2022-09-02]. http://www.gov.cn/xinwen/2018-09/10/content_5320835.htm?tdsourcetag=s_pctim_aiomsg.

② 申继亮，辛涛.论教师教学的监控能力[J]. 北京师范大学学报（社会科学版），1995（1）：67-75.

的能力。[①]基于此，C 校以“能够规划专业学习与职业发展，具有一定的反思能力与实践体验”为目标，通过以下路径培养小学教育（全科教师）专业学生的反思能力：一是开设专业学习与发展模块课程，帮助师范生了解专业发展的核心内容、发展阶段与路径方法，形成专业发展意识，树立终身学习理念；不断更新课程内容，让师范生能够把握国内基础教育课程改革前沿动态和国外初等教育发展趋势；指导师范生理性分析自我，明确发展目标重点，选择发展路径，制定专业学习与职业发展规划。二是系统进行批判性思维方法和反思技能训练，通过课内课外实训实践活动促使师范生学会基于质疑、求证、判断进行独立思考，掌握反思笔记、课堂观察、叙事分析和行动研究等反思方法与技能。三是不断创设反思教学实践情境，让师范生能够在教育实践中，收集信息、自我诊断、自我改进，获得积极的教学反思体验。因此，当我们考察该校校地合作培养成效时，将反思能力作为一个重要观测点。

本次对 C 校 2017 届小学教育（全科教师）专业毕业生的反思能力的调查通过用人单位问卷和毕业生问卷共同完成。两份问卷中，反思能力均由行业动向反思、职业规划反思、教学工作反思这三个因子构成。

行业动向反思，是指教师能把握国内基础教育课程改革前沿动态和国外初等教育发展趋势。它强调教师个体积极、主动的专业成长，体现的是教师个体专业发展的认知过程。

职业规划反思，是指教师能理性地分析自我，并具有终身学习与专业发展意识，能制定专业学习和职业发展规划。

教学工作反思，是指教师能透过现象看本质，提出问题，并能进行独立思考，掌握反思笔记、课堂观察、叙事分析和行动研究等反思方法与技能。在本次调查中，我们更为关注校地合作培养下 C 校 2017 届小学教育（全科教师）专业毕业生教学工作反思的方法，因为我们认为对教学工作反思方法的掌握情况在一定程度上会影响教师的专业发展状态。

如果 C 校 2017 届小学教育（全科教师）专业毕业生对自身行业动向反思、职业规划反思、教学工作反思的评价较高，且用人单位对他们的行业动向反思、职业规划反思、教学工作反思的满意度较高，那么我们就认为四年一贯递进式实践教学校地合作培养模式下的该校 2017 届小学教育（全科教师）专业毕业生具备了较强的反思能力，并认为该模式的成效颇为显著。

---

① 吴卫东，骆伯巍.教师的反思能力结构及其培养研究[J]. 教育评论，2001 （1）: 33-35.

本次调查中，我们设置了“基础教育课程改革动向的把握”等三个题器，来考察用人单位对2017届小学教育（全科教师）专业毕业生在行业动向反思、职业规划反思和教学工作反思三个方面工作的评价（表10-1）。1代表非常不满意，2代表比较不满意，3代表一般，4代表比较满意，5代表非常满意，三个题器累计记分，分值越高，意味着用人单位对该校毕业生的反思能力越满意。同时，我们还设置了“我了解我国基础教育课程改革的前沿动态”等四个题器，来了解2017届小学教育（全科教师）专业毕业生对自己在行业动向反思、职业规划反思和教学工作反思三个方面工作的评价（表10-2）。1代表完全不符合，2代表比较不符合，3代表不确定，4代表比较符合，5代表完全符合，四个题器累计记分，分值越高，意味着该校毕业生对自己的反思能力评价越积极。综合上述两个方面，则可以了解该校四年一贯递进式实践教学校地合作培养模式在师范生反思能力的培养上的成效。

表10-1　反思能力满意度的因子构成和题器设置（用人单位问卷）

指标	因子	题器
反思能力	行业动向反思	基础教育课程改革动向的把握
	职业规划反思	教师职业学习的发展与规划
	教学工作反思	教学反思方法与技能

表10-2　反思能力自评分数的因子构成和题器设置（毕业生问卷）

指标	因子	题器
反思能力	行业动向反思	我了解我国基础教育课程改革的前沿动态
	职业规划反思	我能理性分析自我，制订提升自己专业能力的学习与发展计划
	教学工作反思	我能通过反思笔记和课堂观察进行教学反思 我能听取多方面意见，改进自己的工作

第二节　调查数据分析

一、反思能力及其因子的描述性分析

本次调查的两份问卷中，反思能力子量表均由行业动向反思、职业规划反思和教学工作反思三个因子构成。通过调查用人单位对C校2017届小学教育（全科教师）专业毕业生工作期间展现出的反思能力的具体态度，我们能够了解用人单位对该校毕业生反思能力的满意程度（简称反思能力满意度）；通过调查该校2017届小学教育（全科教师）专业毕业生对自己反思能力的感知，我们还能够了解该校毕业生对自己反思能力的评价（简称反思能力自评指数）。综合两者，我们既可以全面把握该校2017届小学教育（全科教师）专业毕业生在反思能力这一指标上的胜任力，还可以了解该校的四年一贯递进式实践教学校地合作培养模式在小学教育（全科教师）专业学生的反思能力培养上的成效。

首先，对用人单位问卷中反思能力满意度的频次进行分析，结果显示，用人单位对C校2017届小学教育（全科教师）专业毕业生在反思能力方面的满意度较高，评分为88.37分（总分为100分），标准差为16.732分，呈负偏态分布（图10-1）。64.1%的用人单位受访者对该校毕业生反思能力的满意度打分超过80分。这表明用人单位对该校2017届小学教育（全科教师）专业毕业生的反思能力总体很满意。

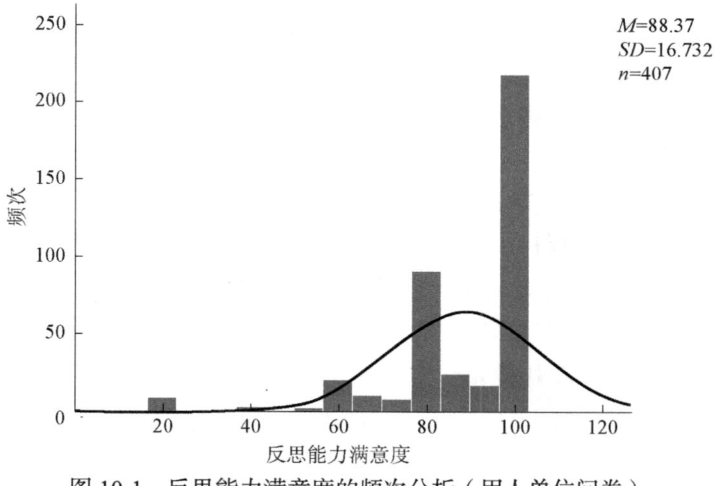

图10-1　反思能力满意度的频次分析（用人单位问卷）

其次，对毕业生问卷中的反思能力自评指数进行频次分析，结果显示，C校2017届小学教育（全科教师）专业毕业生的反思能力自评分数为86.05分（总分为100分），标准差为9.843分，呈负偏态分布（图10-2）。55.5%的毕业生给自己在教育教学工作中的反思能力的打分超过80分。这表明四年一贯递进式实践教学校地合作培养模式下的该校2017届小学教育（全科教师）专业毕业生对自身的反思能力评价很高。

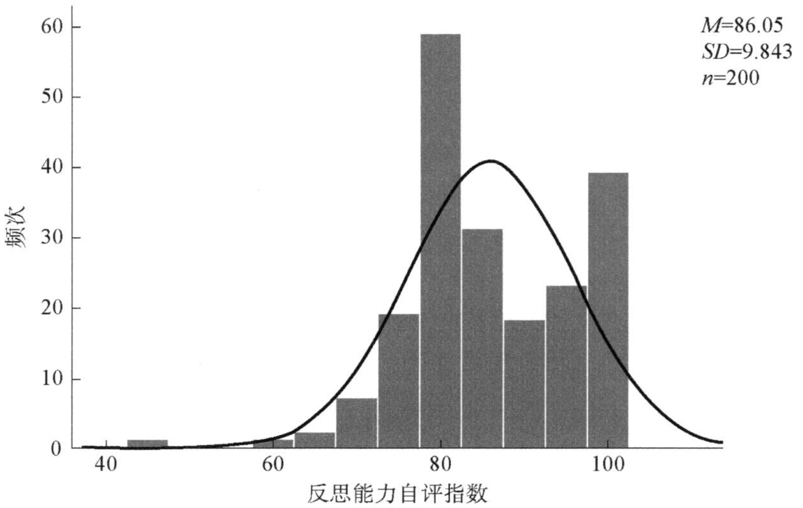

图 10-2　反思能力自评指数的频次分析（毕业生问卷）

综合以上两个方面的统计结果可知，无论是用人单位对毕业生工作中表现出的反思能力，还是毕业生对自己工作中表现出的反思能力，都评价很高。换言之，四年一贯递进式实践教学校地合作培养模式下的该校 2017 届小学教育（全科教师）专业毕业生在反思能力上表现出较高的胜任力，人岗匹配程度较高，能够很好地完成教师岗位的相应工作。

为了进一步了解 C 校 2017 届小学教育（全科教师）专业毕业生在反思能力上的具体表现，我们对该指标的各个因子进行了深入分析。结果发现，比较而言，用人单位对该校 2017 届小学教育（全科教师）专业毕业生的职业规划反思最为满意，评分为 88.85 分；其次是教学工作反思，评分为 88.60 分；最后是行业动向反思，评分为 87.67 分（表 10-3）。

表 10-3　反思能力满意度三个因子的总体情况

特征值	行业动向反思	职业规划反思	教学工作反思
M	87.67	88.85	88.60
max	100.00	100.00	100.00
min	20.00	20.00	20.00
SD	17.37	17.26	17.01
总分	100.00	100.00	100.00

这一结果在毕业生问卷数据分析中也可见一斑。通过进一步对毕业生问卷中反思能力自评指数三个因子进行频次分析，结果显示，该校 2017 届小学教育（全科教师）专业毕业生对职业规划反思和教学工作反思的自评分均为 86.70 分，而对行业动向反思的自评分要低一点，为 81.50 分（表 10-4）。

表 10-4 反思能力自评指数三个因子的总体情况

特征值	行业动向反思	职业规划反思	教学工作反思
M	81.50	86.70	86.70
max	100.00	100.00	100.00
min	40.00	60.00	60.00
SD	13.74	11.39	11.39
总分	100.00	100.00	100.00

此外，根据用人单位对 C 校 2017 届小学教育（全科教师）专业毕业生的能力优势排名，该校毕业生的教学工作反思、职业规划反思分别排第 11 名、第 12 名，而行业动向反思排第 14 名（表 4-3），总体来说排名并不太高。这表明，与其他院校毕业生相比，该校 2017 届小学教育（全科教师）专业毕业生在教学反思能力方面并不占优势。

二、用人单位问卷中反思能力满意度的差异性分析

在该部分，我们将通过人口学变量（性别、年龄、政治面貌等）和工作特征变量（工龄、工作关系、单位所在地等）来分析用人单位对四年一贯递进式实践教学校地合作培养模式下的 C 校 2017 届小学教育（全科教师）专业毕业生在反思能力满意度上的差异。

通过对用人单位受访者的人口学变量和工作特征变量进行初步分析，我们发现，反思能力满意度在性别（F=9.822，p=0.002）、政治面貌（F=6.438，p=0.002）、工作关系（F=4.840，p=0.001）、单位所属区县（F=2.076，p=0.046）这四个变量上存在显著性差异，而在年龄、职位、工龄、受教育程度、技术职称、单位所在地这六个变量上不具有统计学意义上的显著性差异（表 10-5）。

表 10-5 反思能力满意度在人口学变量和工作特征变量上的差异性

自变量	分组	*M*	*n*	*F*	*p*
性别	男性	85.61	180	9.822	0.002
	女性	90.76	218		
政治面貌	共青团员	90.74	77	6.438	0.002
	共产党员	84.99	175		
	普通群众	88.37	155		
工作关系	下属	90.00	10	4.840	0.001
	平级同事	90.16	267		
	顶头上司	86.80	98		
	越级上司	83.33	10		
单位所属区县	丰都	84.11	73	2.076	0.046
	奉节	92.56	52		
	涪陵	90.00	2		
	开州	93.89	24		
	梁平	86.90	84		
	彭水	92.25	37		
	黔江	85.30	39		
	云阳	89.22	34		
年龄	20—29 岁	89.08	155	3.508	0.008
	30—39 岁	90.70	119		
	40—49 岁	87.83	86		
	50—59 岁	78.54	32		
职位	领导	83.39	59	2.179	0.090
	中层管理人员	88.47	96		
	普通职工	89.47	250		
	其他	93.33	2		
工龄	5 年及以下	90.15	180	1.240	0.290
	6—10 年	87.72	76		
	11—19 年	89.01	57		
	20—29 年	86.21	59		
	30—39 年	82.67	20		
	40 年及以上	73.33	1		

续表

自变量	分组	M	n	F	p
受教育程度	初中	100	1	0.681	0.638
	高中、技校、职高、中专	89.17	8		
	大专	86.60	108		
	大学	88.80	284		
	硕士	100.00	1		
	其他	96.00	5		
技术职称	高级	86.05	54	0.575	0.632
	中级	88.22	167		
	初级	89.38	167		
	其他	87.37	19		
单位所在地	市区	85.51	23	1.408	0.246
	乡镇	89.16	308		
	村	86.05	76		

1. 反思能力满意度及其三因子在用人单位受访者的性别上存在显著性差异

具体分析反思能力满意度及其三因子在用人单位受访者性别上的差异时，我们发现，不仅反思能力满意度存在显著的性别差异（F=9.822，p=0.002），而且行业动向反思（F=8.638，p=0.003）、职业规划反思（F=11.108，p=0.001）、教学工作反思（F=8.181，p=0.004）三个因子也存在显著的性别差异。

如图 10-3 所示，在反思能力满意度上，男性受访者的评分（85.61 分）明显低

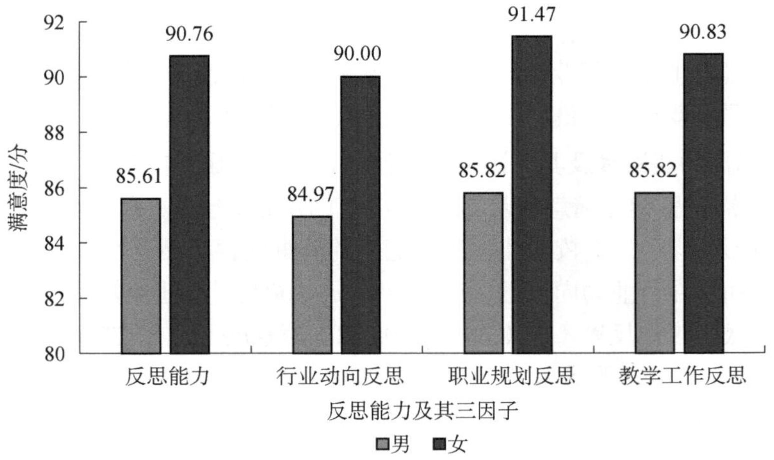

图 10-3　反思能力满意度及其三因子在用人单位受访者性别上的差异性分析

于女性受访者的评分（90.76 分），方差分析所得 F 值为 9.822，且在 0.05 统计水平上显著，这说明男性受访者对 C 校 2017 届小学教育（全科教师）专业毕业生的反思能力满意度显著低于女性受访者。在对反思能力的三个因子的评分上，男性受访者的评分均明显低于女性受访者的评分，分差约为 5 分。

2. 反思能力满意度及其三因子在用人单位受访者的政治面貌上存在显著性差异

分析反思能力满意度及其三因子在用人单位受访者的政治面貌上的差异时，我们发现，不同政治面貌的受访者不仅在反思能力满意度上存在显著性差异（$F=6.438$，$p=0.002$），而且在行业动向反思（$F=7.060$，$p=0.001$）、职业规划反思（$F=5.578$，$p=0.004$）、教学工作反思（$F=5.567$，$p=0.001$）的满意度上也存在显著性差异。

如图 10-4 所示，在反思能力满意度上，政治面貌为共青团员的受访者的评分最高（90.74 分），其次是政治面貌为普通群众的受访者（88.37 分），最后是政治面貌为共产党员的受访者（84.99 分）。这说明政治面貌为共青团员的受访者对 C 校 2017 届小学教育（全科教师）专业毕业生的反思能力满意度最高，其次是政治面貌为普通群众的受访者，最后是政治面貌为共产党员的受访者。在反思能力三个因子的满意度中，政治面貌为普通群众的受访者对该校 2017 届小学教育（全科教师）专业毕业生的行业动向反思、职业规划反思的评分最高，分别为 90.58 分、91.48 分；政治面貌为共青团员的受访者对毕业生行业动向反思、职业规划反思的评分比普通群众的低，分别为 90.13 分、90.91 分；而政治面貌为共产党员的受访者对毕业生的行业动向反思、职业规划反思的评分相比前两者均要低，分别是 84.00 分、85.60 分。这说明政治面貌为普通群众的受访者对该校 2017 届小学教育（全科教师）专业毕业生的行业动向反思、职业规划反思的满意度最高，其次是政治面貌为共青团员的受访者，最后是政治面貌为共产党员的受访者。

3. 反思能力满意度及其三因子在工作关系上存在显著性差异

具体分析反思能力满意度及其三因子在工作关系上的差异时发现，不同职位的用人单位受访者对 C 校毕业生反思能力的满意度存在显著性差异（$F=4.840$，$p=0.001$），而且在行业动向反思（$F=3.879$，$p=0.004$）、职业规划反思（$F=5.643$，$p=0.000$）、教学工作反思（$F=4.396$，$p=0.002$）满意度上也存在显著性差异。

如图 10-5 所示，下属和平级同事对 C 校 2017 届小学教育（全科教师）专业毕业生的反思能力满意度都很高，评分均达到 90 分，而其领导（顶头上司和越级上司）的评分虽也较高（超过 80 分），但相对前两者的评分来说则较低。这种差异也体现在反思能力的三个因子上，即下属和平级同事对该校毕业生在行业动向反思、职业规划反思和教学工作反思上的表现满意度均高于其领导（顶头上司和越级上司），且评分分差较大。

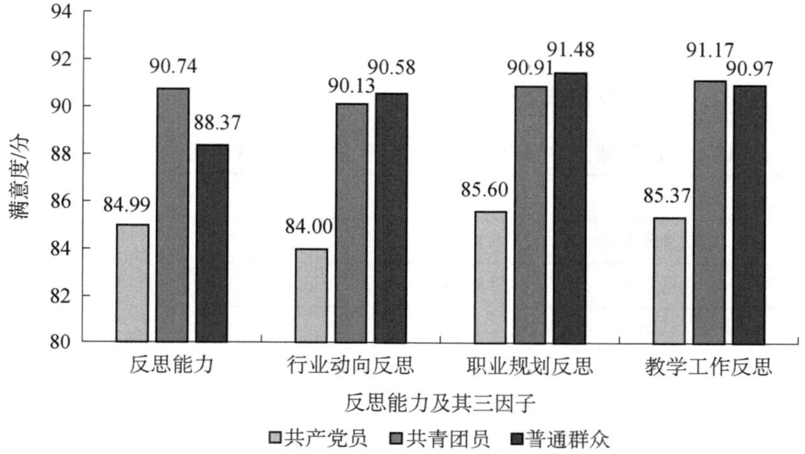

图 10-4 反思能力满意度及其三因子在用人单位受访者政治面貌上的差异性分析

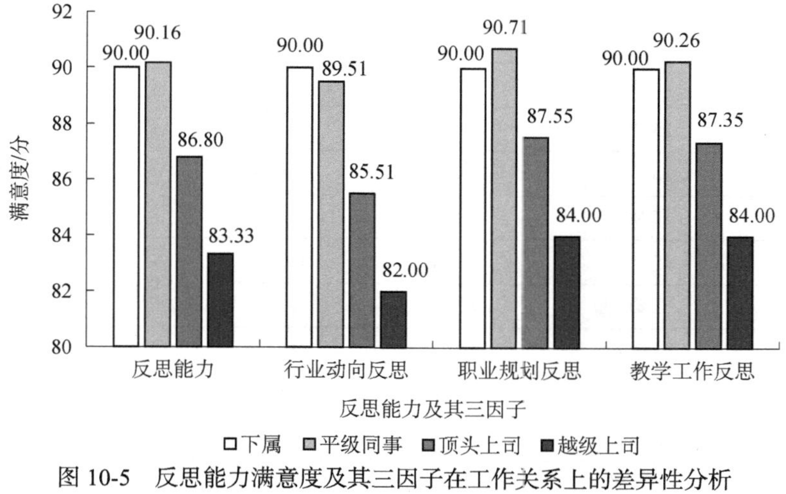

图 10-5 反思能力满意度及其三因子在工作关系上的差异性分析

三、毕业生问卷中反思能力自评指数的差异性分析

在该部分，我们将通过人口学变量（性别、年龄、婚姻状况、政治面貌等）和工作特征变量（工龄、在校期间身份等）来分析四年一贯递进式实践教学校

地合作模式下 C 校 2017 届小学教育（全科教师）专业毕业生在反思能力自评指数上的差异。

对毕业生的人口学变量和工作特征变量进行分析后，发现反思能力自评指数在职位（F=3.588，p=0.029）、参与科研教学情况（F=5.290，p=0.022）上存在显著性差异，而在性别、年龄、婚姻状况、政治面貌、在校期间身份、工资、学校所属区县、职称、教学方法上不具有统计学意义上的显著性差异（表 10-6）。

表 10-6 反思能力自评指数在人口学变量和工作特征变量上的差异性

自变量	分组	M	n	F	p
职位	中层管理人员	77.50	8	3.588	0.029
	普通职工	86.48	189		
	其他	81.67	3		
参与科研教学情况	是	86.92	154	5.290	0.022
	否	83.15	46		
性别	男	83.82	38	2.435	0.120
	女	86.57	162		
年龄	22 岁	85.91	11	1.754	0.140
	23 岁	85.78	90		
	24 岁	85.07	73		
	25 岁	88.96	24		
	26 岁	100.00	2		
婚姻状况	未婚	85.94	187	0.386	0.535
	已婚	87.69	13		
政治面貌	共青团员	86.25	116	0.108	0.898
	共产党员	85.32	31		
	普通群众	86.04	53		
在校期间身份	学生干部	86.74	89	0.791	0.375
	普通学生	85.50	111		
工资	2000 元及以下	82.00	5	0.961	0.461
	2001—2500 元	87.62	21		
	2501—3000 元	85.06	80		
	3001—3500 元	86.31	80		

续表

自变量	分组	M	n	F	p
工资	3501—4000 元	88.75	8		
	4001—4500 元	100.00	1		
	4501—5000 元	95.00	2		
	5001 元及以上	83.33	3		
学校所属区县	彭水	84.63	27	0.474	0.874
	丰都	83.89	27		
	奉节	86.03	34		
	涪陵	85.00	1		
	开州	87.50	30		
	梁平	86.72	29		
	黔江	85.71	21		
	万州	80.00	1		
	云阳	87.67	30		
职称	初级	86.59	135	1.838	0.162
	高级	100.00	1		
	其他	84.69	64		
教学方法	讲授法	85.70	122	1.007	0.405
	小组讨论法	85.33	46		
	实验法	85.00	1		
	探究法	89.14	29		
	其他	80.00	2		

1. 反思能力及教学工作反思的自评指数在职位上存在显著性差异

具体考察教学工作反思自评指数时，发现随着职位的提升，该校 2017 届小学教育（全科教师）专业毕业生的教学工作反思自评指数显著降低（F=5.573，p=0.004），表现在普通职工对其自身的反思能力，尤其是教学工作反思的评价较高，评分分别为 86.48 分和 88.57 分；而中层管理人员对其自身的反思能力、教学工作反思的评价则低一点，评分分别为 77.50 分和 76.62 分（图 10-6）。

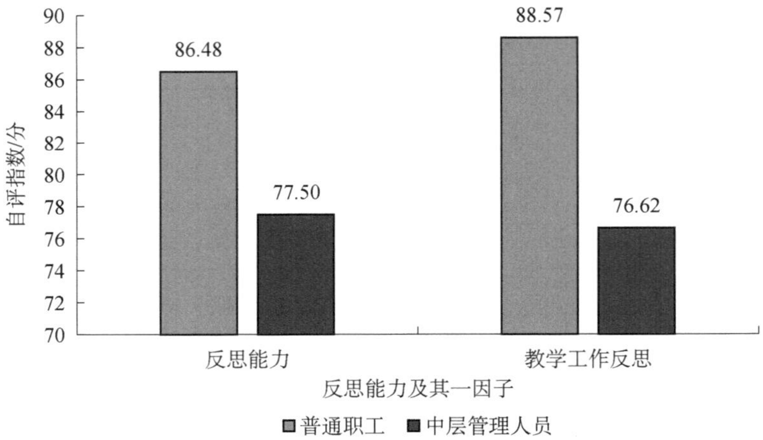

图 10-6　反思能力及教学工作反思的自评指数在职位上的差异性

2. 行业动向反思及职业规划反思的自评指数在参与科研教学情况上存在显著性差异

参与科研教学情况不仅对 C 校 2017 届小学教育（全科教师）专业毕业生的反思能力自评指数存在显著性影响（F=5.290，p=0.022），而且对毕业生的行业动向反思自评指数（F=6.724，p=0.010）、职业规划反思自评指数（F=4.872，p=0.028）也存在显著性影响。

如图 10-7 所示，在校期间参与过科研教学的毕业生的反思能力自评指数略高于未参加过科研教学的毕业生。这种自评指数上的差异也体现在行业动向反思和职业规划反思上，具体来看，在校期间参与过科研教学的毕业生对自己在行

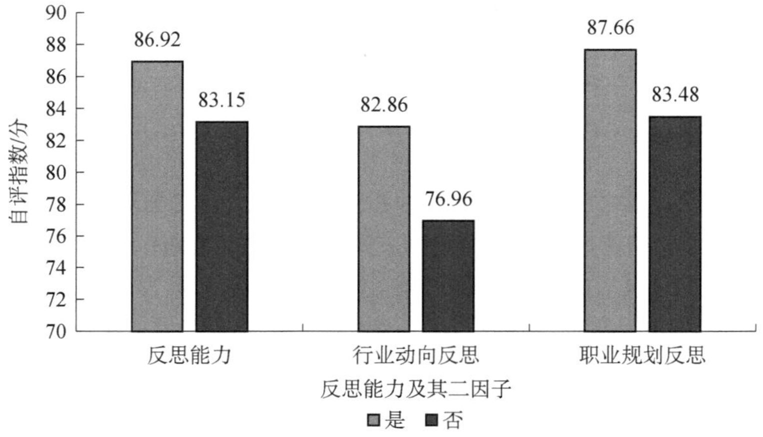

图 10-7　反思能力自评指数及其二因子在参与科研教学情况上的差异性

业动向反思和职业规划反思上的自评指数分别为 82.86 分、87.66 分，分别比未参加过科研教学的毕业生高了 5.90 分和 4.18 分。

对此，我们认为 C 校毕业生在校期间参与的科研教学活动往往离不开基础教育教学这个主题，且活动内容包括教育科学研究、教育教学改革研究和课程改革研究等。在开展教育教学类科研项目时，需要广泛了解当前国内外基础教育教学的最新研究方向、研究成果和发展趋势，在科研活动中形成对教育思想、学科教学等的全新认识，实质上这种科研思考和行动即教学反思的过程。因此，有机会参与相关科研活动的该校毕业生能够通过科研活动促使自己对教育教学理念、教学行为进行反思，并更有契机、有动力去更新教学思想，修订教学内容和改进教学方法，从而进一步提高自己的教育教学水平。

四、反思能力自评指数的影响因素分析

通过相关分析发现，四年一贯递进式实践教学校地合作培养模式下的 C 校 2017 届小学教育（全科教师）专业毕业生的反思能力自评指数与其对在校期间所学各项知识技能的满意度有不同程度的显著相关。进一步使用 Stata 15.0 统计软件对其进行方差分析和逐步回归分析，结果显示，对该校 2017 届小学教育（全科教师）专业毕业生反思能力有显著影响的知识技能包括教材教法分析（F=35.934，p=0.000）、教育科研能力（F=38.176，p=0.000）、课业测量与评价能力（F=43.820，p=0.000）。整体而言，毕业生对在校期间所学的教材教法分析、教育科研能力和课业测量与评价能力的满意度越高，其反思能力自评指数也会越高（图 10-8）。

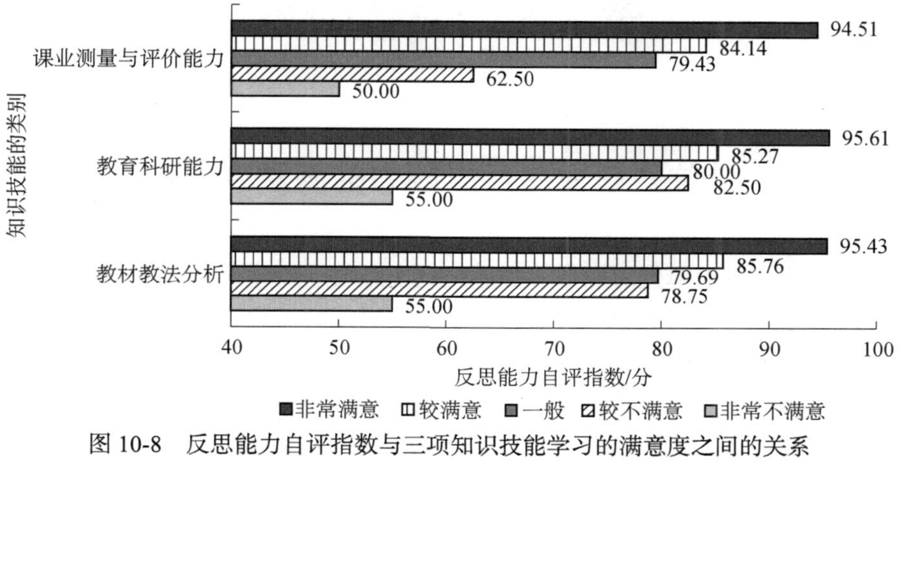

图 10-8 反思能力自评指数与三项知识技能学习的满意度之间的关系

同时，四年一贯递进式实践教学校地合作培养模式下的C校2017届小学教育（全科教师）专业毕业生的反思能力自评指数与其对在校期间所参与的各项课内外实训活动的满意度也有不同程度的显著相关。进一步使用Stata 15.0统计软件对其进行方差分析和逐步回归分析，结果显示，影响毕业生反思能力自评指数的在校活动包括课堂实训活动（F=30.516，p=0.000）、提供优秀教师课堂案例视频（F=28.007，p=0.000）。而且，毕业生对在校期间参与的课堂实训活动和获得的优秀教师课堂案例视频的有效性评价越积极，其对自己的反思能力评价指数也会越高（图10-9）。

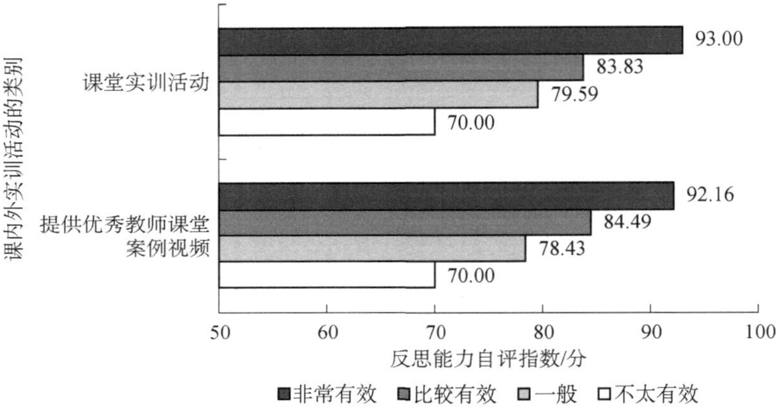

图10-9 反思能力自评指数与两项课内外实训活动有效性评价的关系

第三节 小结与讨论

一、用人单位对毕业生反思能力的满意度总体较高

总体来看，用人单位对四年一贯递进式实践教学校地合作培养模式下的C校2017届小学教育（全科教师）专业毕业生的反思能力满意度较高，评分高达88.37分，对反思能力的三个因子的评分分别为87.67分、88.85分、88.60分，均在85分之上。这说明用人单位对该校2017届小学教育（全科教师）专业毕业生所具备的反思能力较满意。此外，该校2017届小学教育（全科教师）专业毕业生对其自

身反思能力的评价也较高，结合用人单位意见与毕业生自我评价可知，该校 2017 届小学教育（全科教师）专业毕业生已基本具备终身学习与专业发展意识和 OBE 理念中“持续改进”这一能力，了解国内外基础教育改革发展动态，能够适应时代和教育发展需求，进行专业学习和职业生涯规划；能够初步掌握反思方法和技能，具有一定创新意识；能够运用批判性思维方法，分析和解决教育教学问题。

与此同时，进一步比较反思能力三个因子的描述性分析数据，发现不论是用人单位还是毕业生自己，对行业动向反思的评分相较其他两个因子均较低，而这种差距可能源于以下两个方面。

第一，C 校小学教育（全科教师）专业的任课教师中“双师型”教师人数较少。“双师型”教师的概念，最早是针对职业教育领域而言的，是为加强职业技能型人才培养、提升职业教育质量而提出的。但从 2015 年以来，在新建本科院校的转型过程中，应用型本科高校也越来越重视“双师型”教师的培养。将自身定位为应用型本科高校的 C 校，为深入贯彻实施学校“人才强校”战略，也在大力倡导“双师双能型”教师队伍建设。为此，该校鼓励从事专业教学和科研的教师不定期到企业、行业进行科技开发、技术服务和项目研制等生产性科研活动，鼓励教师积极参加除高校教师资格证书外，由政府主管部门、行业协会等权威机构组织的与本专业实践技能相关的国家职业（执业）资格、专业技术任职资格、职业能力认证及职业技能鉴定考评员等资格认定。但是由于这一教师队伍建设方案 2018 年才出台，所以尽管该校小学教育（全科教师）专业任课教师也在持续参与校地合作培养工作，但总体来看还是比较缺乏一线小学教育教学的工作经验，进而在师范生行业动向反思能力的培养上尚有欠缺。

第二，C 校毕业生对行业动向的相关知识了解不够深入。在分析用人单位对包括 C 校毕业生在内的新晋教师的能力排序时，发现 C 校 2017 届小学教育（全科教师）专业毕业生的行业动向反思排名比较靠后（排第 14 名）。对部分 C 校 2017 届小学教育（全科教师）专业毕业生进行访谈时，发现在四年一贯递进式实践教学校地合作培养模式下，该校所有小学教育（全科教师）专业学生在读期间都会逐年参加见习、助教、试做、顶岗四类不同取向的教育实践活动。在此过程中，该校小学教育（全科教师）专业学生须按照不同阶段的教育实践要求，亲身体验诸如听评课、批阅小学生作业、备课上课和教科研工作等小学的实际教学工作，参与完成班队活动方案的设计与组织实施、日常班级管理和家校沟通等具体学生管理工作，撰写相应的教育教学实践工作日志、记录等。很遗憾的是，可能这些教育实践活动中的事务性工作较多，导致该校小学教育（全科教师）专业学生没有足够的时间进行系统的反思，较少静下心来对自己实践中观察、记录到的质性材料进行分析，从中总结小学教育教学工作中的实际情况和问题。此外，由于师范生的教育教学经验不足，有关教育教学反思的系统性知识较为缺乏，理论知识的薄弱必然会导致反思的深度和广度不够，进而很难在教育教学实践中洞悉基础教育行业的最新动向。

二、是否参与科研教学活动及教育科研能力会显著影响毕业生的反思能力

在毕业生问卷中，参与过科研教学活动的C校2017届小学教育（全科教师）专业毕业生对行业动向反思的自评分数明显高于未参与过科研教学活动的毕业生，且该差异在0.05统计水平上显著，这说明多参与科研教学活动可以有效提升毕业生的反思能力。因此，积极参与科研教学活动是提升毕业生行业动向反思能力的有效途径之一。此外，我们使用Stata 15.0统计软件对毕业生的反思能力自评指数与教育科研能力进行了方差分析和逐步回归分析，发现教育科研能力会显著影响毕业生的反思能力，即较高的教育科研能力会增强毕业生的反思能力，也就是说，教育科研能力越强，毕业生的反思能力也越强。

三、反思知识与技能的学习对毕业生反思能力的培养有积极影响

毕业生问卷数据显示，在校期间所掌握的知识技能对C校2017届小学教育（全科教师）专业毕业生反思能力影响较大的有教材教法分析、课业测量与评价能力和教育科研能力。这些知识技能被分别蕴含在课程与教学论、小学教师教学技能、教育测量与评价和教育科研方法等该校小学教育（全科教师）专业核心课程中。对于这些课程，该校不仅要求小学教育（全科教师）专业学生学习质疑和反思的具体方法，而且要求他们具备反思意识、态度和能力。对此，该校在这类专业核心课程中为小学教育（全科教师）专业学生提供了大量的示范性反思实践范例，如观摩名师教学，组织微格教学，对照录像找出自己在教学中存在的问题，组织小组讨论，为反思意识和反思能力发展营造良好的环境。因此，本次学生问卷调查发现，毕业生具备的教材教法分析、课业测量与评价能力和教育科研能力越强，其反思能力自评指数往往越高。

四、课堂实训活动、优秀教师课堂案例视频对毕业生反思能力的培养有积极影响

分析毕业生问卷数据，我们发现 C 校 2017 届小学教育（全科教师）专业毕业生的反思能力与其对在校期间所参与的各项课内外实训活动的满意度有不同程度的显著正相关。进一步的方差分析和逐步回归分析发现，对毕业生反思能力影响较大的在校活动包括课堂实训活动、提供优秀教师课堂案例视频。这意味着 C 校安排的一系列课内外实训活动，一方面可以通过提供课堂实训机会为学生创设真实的教育教学场域，让他们可以接触和熟悉真实的教育教学具体工作，从而丰富学生的教学经验，提升学生的教学水平，培养学生的反思能力；另一方面可以更多地为学生提供优秀的教师课堂案例，有利于学生进行对比分析，从而进一步培养反思能力。

第四节　改进措施与建议

通过以上数据可以发现，四年一贯递进式实践教学校地合作培养下的 C 校 2017 届小学教育（全科教师）专业毕业生在反思能力上已达到了小学教育专业的毕业要求，且用人单位的满意度很高。如果想进一步提高小学教育（全科教师）专业学生的反思能力，可以从以下四个方面入手。

一、加大行业动向的宣传力度，促进学生反思能力的提升

行业动向反思能力的培养，需要学生了解当前行业的动向，即了解国内外基础教育改革发展动态。从本次调查结果来看，C 校 2017 届小学教育（全科教师）专业毕业生对行业动向的了解程度还有待提高。因此，学校可采用多种途径加大行业动向的宣传力度，以促进学生行业动向反思能力的提升。

首先，在教育心理学、教育学等教育基础课程中，任课教师需将符合新时代

社会发展需要的先进教育理念和新兴教育理论融入课程教学知识体系中。因为师范生只有树立正确的教育理念，并通过反思内化为自己的教学习惯和动力，才可能在教育教学实践中提高其教学敏锐力，用正确的教育理念去批判性地观察自身或他人的教育教学活动，进而进行教育教学反思。同时，任课教师还可以将国内外基础教学改革的发展动向和新的改革成果等基础教育研究领域的新理论或技术添加到课程教学内容中去，更新课程知识体系，将学习和了解行业动向作为课程必修内容。其次，专业班导师可利用晨读、主题班会等时间向学生普及行业动向，也可以将行业动向发布作为班级集中活动的必备一环，让学生分组分时间完成，并在班级集中活动时给全班分享，激发学生主动走进一线基础教育教学工作。再次，学校可通过名师讲堂、明德讲堂等专题讲座，邀请基础教育名师、教育学专家等定期向学生普及当前国内外基础教育改革发展动态的相关知识，学校的网络公众平台也可以加大对行业动向的宣传力度。最后，得益于校地合作培养模式，学校可安排学生定期到小学，以助教、志愿者等身份亲身参与到实际的小学教育教学工作中，鼓励学生加强与小学生、小学生家长和小学教师之间的沟通交流，促使他们更直接地了解行业相关动向，培养教育教学反思习惯。

二、鼓励学生积极参与教育科研活动，提升学生的教育科研能力

调查结果显示，参与科研教学的情况及教育科研能力会直接影响毕业生的反思能力。因此，首先，任课教师可加深对小学教育科研方法、教育测量与评价等教育科研能力培养类课程的讲解，引导学生从小学教育教学实践中发现问题，识别其中的真假研究问题，并针对真问题通过质性研究或量化研究方法进行科学有序地探究，从而掌握教育科研的研究方法和研究过程。其次，学校应支持学生主持教育科研、基础教育科研相关的研究项目，鼓励学生积极参与，同时鼓励专业教师参与指导学生科研项目的研究，带领学生参与教育教学调查、质性访谈或教育教学试验，指导学生撰写科研学术论文，进而提升学生的教育科研能力。最后，在校地合作培养模式下，学生可到小学见习，深入观察小学中存在的问题，并进行积极的思考或向优秀教师请教学习，然后将获得的经验、启发运用到教育科研活动中，更新教育理念、完善教学内容、改进教学方法，从而提升自己的科研能力、反思能力。

三、专业课程中强调批判性思维，提升学生的反思能力

本次调查结果显示，在校期间习得的教材教法分析、教育科研和课业测量与评价三大能力对C校2017届小学教育（全科教师）专业毕业生的反思能力具有积极影响。

深入剖析不难发现，教材教法分析、教育科研和课业测量与评价这三大能力的践行必定需要调动师范生的批判性思维，进而促进其对教育教学活动的反思。由此可见，要想提升师范生在教育教学活动中的反思能力，高等师范院校可通过各种途径营造反思环境，扩大锻炼教育反思的空间，增加践行教育反思的机会。

首先，教材教法分析主要分为教材分析和教学方法分析，教材分析需要学生深入理解和钻研各科教学的课程标准，充分领会教材的编写意图，熟悉小学教材的整个知识体系，了解教材在不同学段及所在学科知识体系中的地位与作用；教学方法分析需要学生了解并区分各类教学方法，能根据学生、学情选择恰当、有效的教学方法。这项既能锻炼师范生的批判性思维，又要求师范生具备紧跟行业动向的综合能力，应被小学教育（全科教师）专业教师更多地融入课程与教学论、小学教师教学技能、各学科教学法等教学技能型专业课程中，通过设立相应的实训任务、优秀小学教案分析或小组合作探究活动等多种形式，充分调动学生的自主性，激发其对小学教材知识体系和教学方法的了解，培养教学活动初期的反思习惯。

其次，借助四年一贯递进式实践教学校地合作培养模式，C校可将教育科研方法、教育测量与评价这两门小学教育（全科教师）专业核心课程中的相关技能学习融入实际小学教育教学实践活动中。例如，该专业教师可适当地将原本一些单一的观察实践任务替换为自选主题的教育科研任务，设计并组织实施学科课业测量、撰写测量评价报告等综合性实践任务。这一实践任务的更新有助于师范生将教育科研方法和教育测评的理论知识转变为实际技能，同时，通过这种综合性实践任务的完成，能充分锻炼师范生发现问题—分析问题—解决问题的系统性思维，从而提高师范生的反思能力。

四、提供优秀教师课堂案例视频、增加课堂实训活动，引导学生反思

优秀教师课堂案例视频不仅是课堂教学的实录，还包括了任课教师对教学内容、教学方法、学生学情等的思考。本次调查发现，提供优秀教师课堂案例视频、增加课堂实训活动，对学生反思能力的培养有积极影响。因此，在班队管理、课程与教育等专业核心课程教学中，教师一方面可以给学生提供优秀教师课堂案例视频，设计评析、讨论等任务性活动，引发学生进行教育教学思考与反思；另一方面可以适当增加课堂实训活动，充分利用微格教室、师范生技能实训室、基础教育大数据平台等现代化教育教学资源，把小学教育场域中发生的实际问题以虚拟仿真、视频等多元生动的方式呈现在课堂上，引导学生通过小组合作、角色扮演、分组辩论等形式，将理论知识应用于实践，尝试解决小学教育教学中的实际问题，积累教育教学经验。此外，充分发挥校地合作培养模式的优势，多为学生提供见习和实习机会。在实习中，学生要把握亲身授课的机会，深刻反思自己教学中的不足。这些直接或间接的教学经验都有利于引导学生进行积极反思，提升反思能力。

第十一章

沟通合作视角下小学全科教师校地合作培养成效

第一节 观测点剖析

2012 年，教育部印发《小学教师专业标准（试行）》，对小学教师专业标准从专业理念与师德、专业知识和专业能力三个维度提出要求。其中，沟通与合作能力被列为小学教师的核心专业能力之一。另外，为贯彻落实习近平总书记关于教育的重要论述特别是关于教师队伍建设的重要讲话精神，推动教师教育综合改革，培养让党和人民满意的好教师，2014 年，《教育部关于实施卓越教师培养计划的意见》明确提出“针对小学教育的实际需求，重点探索小学全科教师培养模式，培养一批热爱小学教育事业、知识广博、能力全面，能够胜任小学多学科教育教学需要的卓越小学教师”的要求。所谓卓越小学教师，是指在教师素养和能力结构等方面都更加突出的小学教师。①有学者通过分析指出，教学组织与管理、学科教学知识、教学反思与研究三项工作表现突出，是卓越教师的关键特征。②除此之外，也有学者强调在当下“互联网+”时代背景下，卓越教师的“卓越”不仅应表现在上述教师教学实践智慧方面，还应表现在能够在教育教学活动中开展高效的人际沟通与合作方面。③因此，C 校在小学教育（全科教师）专业学生培养过程中，不仅强调该专业学生要具备正确科学的新时代教育理念、崇高的师德修养、过硬的教育教学专业知识、娴熟的教育教学技能，还着力培养学生在教育教学活动中的沟通合作能力，以让这批未来的乡村教师下得去、留得住、教得好。因此，当我们考察 C 校四年一贯递进式实践教学校地合作培养模式的成效时，将沟通合作能力作为一个重要的观测点。

从概念界定来看，沟通主要是指信息发送者凭借一定的渠道，将信息发送给既定对象（接收者），以寻求反馈从而达到相互理解的过程。沟通的结果不但能使双方相互影响，还能使双方建立起一定的关系。④合作，就是个人与个人、群体与

---

① 毕景刚.“卓越教师”计划之背景、内涵及策略[J]. 教育理论与实践，2014（11）：33-35.

② 李琼，吴丹丹，李艳玲.中小学卓越教师的关键特征：一项判别分析的发现[J]. 教育学报，2012，8（4）：89-95.

③ 李芒，郑春萍，李子运，等.“互联网+”时代高校卓越教师的核心特征[J]. 中国电化教育，2017（1）：39-44，57.

④ 贾接梅.参与式培训对中学教师与家长沟通能力的影响[D]. 浙江师范大学硕士学位论文，2011.

群体之间为达到共同目的，彼此相互配合的一种联合行动、方式。[①]因而，教师的沟通合作即可理解为在自主、平等、互利的基础上，为提升教育教学质量，教师与学生、与学生家长、与教师之间进行互动交流，且为了一致的教育教学目标进行联合行动。

具体而言，一名合格的小学全科教师应以掌握沟通合作的学习方式为目标，注重在课内外学习活动和专业实践中理解学习共同体的特点与价值，懂得学习伙伴的重要性，系统掌握团队协作学习知识与技能，积极主动参加小组学习、专题研讨、团队互动、网络分享等协作学习活动；能够在教学实践中深入体验、观摩学习、合作探究等，乐于与学习伙伴分享和交流实践经验，共同探讨解决问题，锻炼自己与学校领导、同事、学生、家长和社区沟通交流的技能，积累相关工作经验。由此可以看出，沟通合作能力不仅是小学全科教师完成教学的必备能力，也是小学全科教师在教学过程中不断完善自身的必然要求，更是检测小学全科教师校地合作培养成效的重要组成部分。本次对C校2017届小学教育（全科教师）专业毕业生沟通合作能力的调查由上下级沟通、平行沟通、师生沟通、家校沟通四个因子构成。

上下级沟通，是指教师与学校领导进行信息传递的过程。[②]本次调查中的上下级沟通仅指上级向下传达相关的工作信息，如文件、工作安排等。

平行沟通，是指教师与其同事之间进行信息传递的过程，如讨论、座谈、协商、面谈等。在本次调查中，我们更关注C校2017届小学教育（全科教师）专业毕业生与其同事进行沟通交流、参与科研活动的情况以及同事之间相处的情形。

师生沟通，是指教师与学生之间以一定的符号作为媒介，进行的信息交流与传递并达成理解的交互过程。[③]本次调查主要考察教师与学生的相处情况。

家校沟通，主要是指教师与家长在一定的沟通情境下，通过一定的沟通方式，交流彼此的思想观点，并进行适当反馈，以求达成相互理解和支持，最终促进学生健康成长的社会交往活动。

在本次调查中，如果C校2017届小学教育（全科教师）专业毕业生对上下级沟通、平行沟通、师生沟通、家校沟通的自评分数比较高，且用人单位对其在这四个因子上的满意度也较高，那么我们就认为该校四年一贯递进式实践教学校地合作培养模式下的2017届小学教育（全科教师）专业毕业生具备了较好的沟通合

① 杨雪. 合作——富有创意和实效的职教策略[J]. 新课程研究（中旬刊），2013（5）：4.
② 晋文媛.中小学教师沟通满意度研究[D]. 首都师范大学硕士学位论文，2009.
③ 刘丽华.师幼沟通能力诊断性测评工具的前期研制[D]. 哈尔滨师范大学硕士学位论文，2016.

作能力，同时意味着该模式具有较好的成效。

本次调查中，我们设置了“服从上级领导安排，配合工作”等七个题器，来考察用人单位对 2017 届小学教育（全科教师）专业毕业生在上下级沟通、平行沟通、师生沟通和家校沟通四个方面工作的评价（表 11-1）。1 代表非常不满意，2 代表比较不满意，3 代表一般，4 代表比较满意，5 代表非常满意，七个题器累计记分，分值越高，意味着用人单位对该校毕业生的沟通合作能力越满意。同时，我们还设置了“我服从上级领导安排，配合工作”等五个题器，来了解 2017 届小学教育（全科教师）专业毕业生对自己在上下级沟通、平行沟通、师生沟通和家校沟通四个方面工作的评价（表 11-2）。1 代表完全不符合，2 代表比较不符合，3 代表不确定，4 代表比较符合，5 代表完全符合，五个题器累计记分，分值越高，意味着该校毕业生对自己的沟通合作能力评价越积极。综合上述两个方面，我们可以了解该校四年一贯递进式实践教学校地合作培养模式在师范生沟通合作能力的培养上的成效。

表 11-1　沟通合作能力满意度的因子构成和题器设置（用人单位问卷）

指数	因子	题器
沟通合作	上下级沟通	服从上级领导安排，配合工作
	平行沟通	与同事进行沟通交流
		参与教研和科研活动
		同事之间相处融洽
	师生沟通	与学生进行沟通与互动 师生之间相处融洽
	家校沟通	与家长进行沟通交流

表 11-2　沟通合作自评分数的因子构成和题器设置（毕业生问卷）

指数	因子	题器
沟通合作	上下级沟通	我服从上级领导安排，配合工作
	平行沟通	我积极主动参与小组学习、专题研讨等教研活动
		我乐于与同事分享交流实践经验，共同探讨并解决问题
	师生沟通	我与学生相处融洽
	家校沟通	我能与家长进行良好的沟通与互动

第二节　调查数据分析

一、沟通合作能力及其因子的描述性分析

本次调查的两份问卷中，沟通合作能力子量表均由上下级沟通、平行沟通、师生沟通和家校沟通四个因子构成。通过调查用人单位对C校2017届小学教育（全科教师）专业毕业生工作期间展现出的沟通合作能力的具体态度，我们能够了解用人单位对该校毕业生沟通合作能力的满意程度（简称沟通合作能力满意度）；通过调查该校2017届小学教育（全科教师）专业毕业生对自己沟通合作能力的自我感知，我们还能够了解该校毕业生对自己沟通合作能力的评价（简称沟通合作能力自评指数）。综合两者，我们既可以全面把握该校2017届小学教育（全科教师）专业毕业生在沟通合作能力这一指标上的胜任力，还可以了解该校的四年一贯递进式实践教学校地合作培养模式在小学教育（全科教师）专业学生的沟通合作能力培养上的成效。

首先，对用人单位的沟通合作能力满意度进行频次分析，结果显示，用人单位对C校2017届小学教育（全科教师）专业毕业生的沟通合作能力的满意度较高，评分为90.35分（总分为100分），标准差为15.618分，呈负偏态分布（图11-1）。

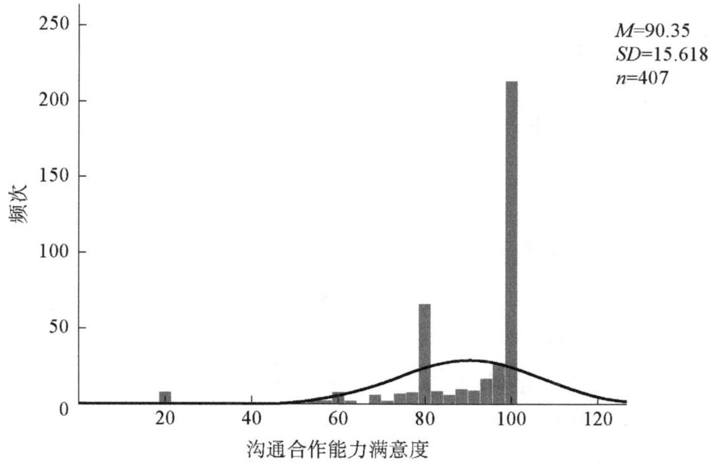

图11-1　沟通合作能力满意度的频次分析（用人单位问卷）

72%的用人单位受访者对该校毕业生的沟通合作能力满意度评分超过 80 分。这表明，用人单位对该校四年一贯递进式实践教学校地合作培养模式下的 2017 届小学教育（全科教师）专业毕业生的沟通合作能力总体很满意。

其次，对毕业生问卷中的沟通合作能力自评指数进行频次分析，结果显示，C 校 2017 届小学教育（全科教师）专业毕业生对自身的沟通合作能力的评分为 89.80 分（总分为 100 分），标准差为 10.539 分，呈负偏态分布（图 11-2）。69%的毕业生对自己沟通合作能力的评分超过 80 分。这表明该校 2017 届小学教育（全科教师）专业毕业生对自身的沟通合作能力评价很高。

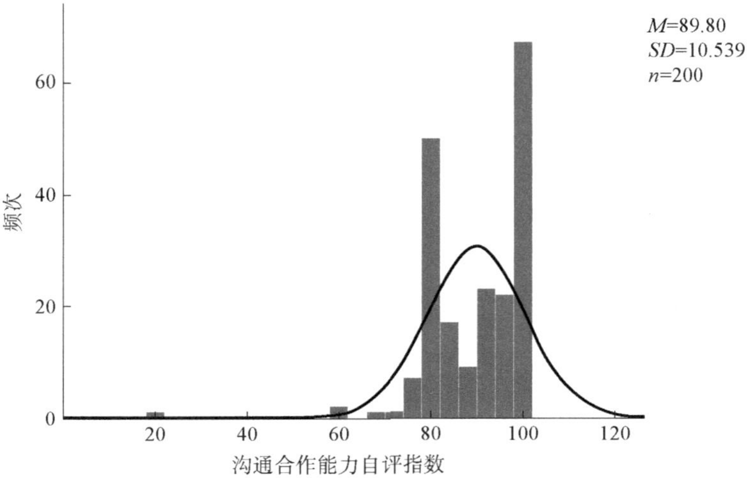

图 11-2　沟通合作能力自评指数的频次分析（毕业生问卷）

综合以上两个方面的统计结果可知，无论是用人单位对 C 校毕业生工作中表现出的沟通合作能力，还是毕业生对自己工作中表现出的沟通合作能力，都评价很高。换言之，四年一贯递进式实践教学校地合作培养模式下的 C 校 2017 届小学教育（全科教师）专业毕业生在沟通合作能力上表现出较高的胜任力，人岗匹配程度较高，能够较好地完成教师岗位的相应工作。同时这也表明该校四年一贯递进式实践教学校地合作培养模式在沟通合作能力的培养上较有成效。

为了进一步了解 C 校 2017 届小学教育（全科教师）专业毕业生在沟通合作能力上的具体表现，我们对该指数的各个因子进行了深入分析。结果显示，比较而言，用人单位对该校 2017 届小学教育（全科教师）专业毕业生的上下级沟通的满意度最高，评分为 91.45 分；其次是师生沟通，评分为 90.96 分；再次是平行沟通，评分为 90.07 分；最后是家校沟通，评分为 88.86 分（表 11-3）。

表 11-3　沟通合作能力满意度中四个因子的总体情况

特征值	上下级沟通	平行沟通	师生沟通	家校沟通
M	91.45	90.07	90.96	88.86
max	100.00	100.00	100.00	100.00
min	20.00	20.00	20.00	20.00
SD	16.12	15.86	16.03	17.32
总分	100.00	100.00	100.00	100.00

这一结果在毕业生问卷数据中也可见一斑。进一步对毕业生问卷中沟通合作能力自评指数的四个因子进行频次分析，结果也显示，C 校 2017 届小学教育（全科教师）专业毕业生对自己的上下级沟通能力评分最高，为 91.70 分；其次是师生沟通，评分为 91.10 分；再次是平行沟通，评分为 89.30 分，最后是家校沟通，评分为 87.60 分（表 11-4）。

表 11-4　沟通合作能力自评指数中四个因子的总体情况

特征值	上下级沟通	平行沟通	师生沟通	家校沟通
M	91.70	89.30	91.10	87.60
max	100.00	100.00	100.00	100.00
min	20.00	20.00	20.00	20.00
SD	11.39	11.58	12.63	12.93
总分	100.00	100.00	100.00	100.00

另外，与其他学校毕业生的能力相比，用人单位对 C 校 2017 届小学教育（全科教师）专业毕业生的能力优势排名显示，该校毕业生与学生、家长的沟通交流能力排第 7 名，团队协作能力排第 8 名（表 4-3）。总体来说，与其他学校毕业生相比，该校 2017 届小学教育（全科教师）专业毕业生在教育教学工作中展现出的各种沟通交流能力并非最优，还有上升的空间。

二、用人单位问卷中沟通合作能力满意度的差异性分析

在该部分，我们将通过人口学变量（性别、年龄、政治面貌等）和工作特征

变量（工龄、工作关系、单位所在地等）来分析用人单位对C校2017届小学教育（全科教师）专业毕业生在沟通合作能力满意度上的差异。

通过分析，我们发现，沟通合作能力满意度在用人单位受访者的性别（F=6.331，p=0.012）、年龄（F=2.486，p=0.043）这两个变量上存在显著性差异，而在工作关系、职位、工龄、受教育程度、技术职称、单位所在地等变量上均不具有统计学意义上的显著性差异（表11-5）。

表11-5 沟通合作能力满意度在人口学变量和工作特征变量中的差异性

自变量	分组	M	n	F	p
性别	男性	88.26	189	6.331	0.012
	女性	92.15	218		
年龄	20—29岁	90.65	155	2.486	0.043
	30—39岁	92.08	119		
	40—49岁	90.63	86		
	50—59岁	82.50	32		
政治面貌	共青团员	91.50	77	2.322	0.099
	共产党员	88.44	175		
	普通群众	91.93	155		
工作关系	下属	92.00	10	2.225	0.066
	平级同事	91.45	267		
	顶头上司	89.33	98		
	越级上司	88.29	10		
单位所属区县	丰都	85.21	73	1.896	0.069
	奉节	93.63	52		
	涪陵	94.29	2		
	开州	94.52	24		
	梁平	90.37	84		
单位所属区县	彭水	92.43	37		
	黔江	88.94	39		
	云阳	91.93	34		

续表

自变量	分组	M	n	F	p
职位	领导	88.67	59	0.706	0.549
	中层管理人员	89.26	96		
	普通职工	91.11	250		
	其他	97.14	2		
工龄	5 年及以下	91.79	180	1.068	0.378
	6—10 年	89.02	76		
	11—19 年	90.98	57		
	20—29 年	90.46	59		
	30—39 年	84.71	20		
	40 年及以上	77.14	1		
受教育程度	初中	100.00	1	0.348	0.884
	高中、技校、职高、中专	88.93	8		
	大专	89.47	108		
	大学	90.56	284		
	硕士	100.00	1		
	其他	95.43	5		
技术职称	高级	89.52	54	0.575	0.632
	中级	90.04	167		
	初级	90.83	167		
	其他	91.13	19		
单位所在地	市区	86.46	23	1.940	0.145
	乡镇	91.19	308		
	村	88.12	76		

1. 沟通合作能力及其四因子在用人单位受访者性别上存在显著性差异

在具体考察不同性别用人单位受访者对 C 校 2017 届小学教育（全科教师）专业毕业生沟通合作能力及其四因子的满意度上的差异时，我们发现，不同性别的受访者不仅在沟通合作能力满意度上存在显著性差异（F=6.331，p=0.012），而且在上下级沟通（F=4.022，p=0.046）、平行沟通（F=5.858，p=0.016）、师生沟通（F=5.531，p=0.021）、家校沟通（F=9.509，p=0.002）四个因子上的满意度均存在显著性差异。

如图 11-3 所示，在沟通合作能力满意度上，男性受访者的评分明显低于女性受访者，方差分析得到的 F 值为 6.331，且在 0.05 统计水平上显著，这说明男性受访者对 C 校 2017 届小学教育（全科教师）专业毕业生所展现的沟通合作能力满意度显著低于女性受访者。同样的性别差异也表现在上下级沟通、平行沟通、师生沟通和家校沟通四个因子上。用人单位中的女性受访者在上述四个因子上的满意度评分均超过 90 分，而男性受访者在这四个因子上的评分则均未超过 90 分。

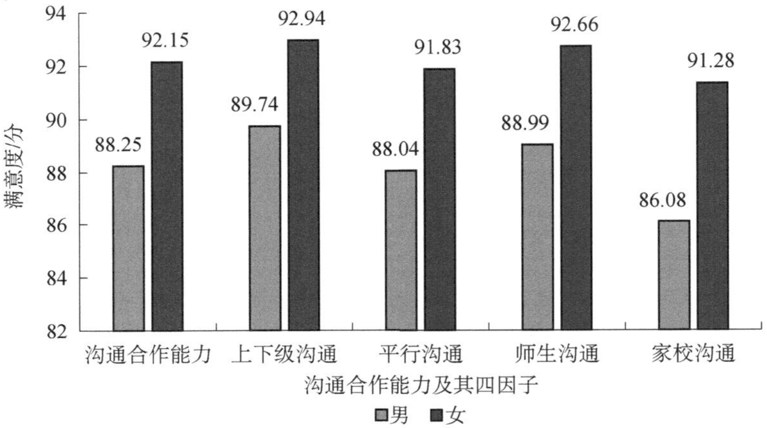

图 11-3　沟通合作能力满意度及其四因子的性别差异

2. 沟通合作能力满意度在用人单位受访者的年龄段上存在显著性差异

在对比分析不同年龄受访者对该校毕业生沟通合作能力及其四因子的满意度时发现，不仅沟通合作能力满意度在用人单位受访者年龄上存在显著性差异（F=2.486，p=0.043），而且师生沟通（F=3.252，p=0.012）、家校沟通（F=3.697，p=0.006）的满意度在年龄上也存在显著性差异。

如图 11-4 所示，用人单位对 C 校 2017 届小学教育（全科教师）专业毕业生的沟通合作能力及其二因子（师生沟通和家校沟通）的满意度评分均高于 75 分，但将用人单位不同年龄段的受访者的满意度打分进行比较时，发现 50—59 岁的受访者对毕业生的满意度最低。结合表 11-5 和图 11-4 来看，在沟通合作能力的总体评价以及在师生沟通这因子上，30—39 岁的用人单位受访者对该校毕业生的满意度最高，评分分别为 92.08 分、93.19 分；而在家校沟通因子上，20—29 岁的用人单位受访者的满意度最高，评分为 89.55 分。横向比较用人单位对该校毕业生师生沟通、家校沟通这两个因子的满意度时，发现用人单位对其师生沟通工作的满意度高于家校沟通。

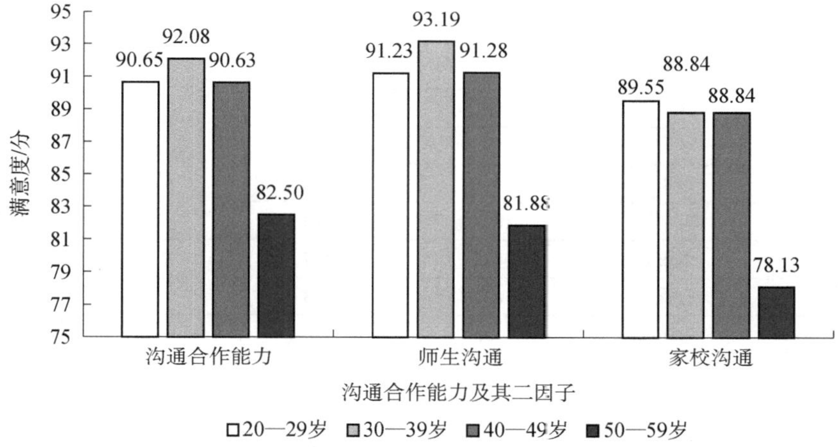

图 11-4　不同年龄段受访者沟通合作能力及其二因子满意度的差异

三、毕业生问卷中沟通合作能力自评指数的差异性分析

在该部分，我们将通过毕业生的人口学变量（性别、年龄、婚姻状况、政治面貌等）和工作特征变量（工龄、在校期间身份等）来分析C校2017届小学教育（全科教师）专业毕业生在沟通合作能力自评指数上的差异。

经过分析，我们发现沟通合作能力自评指数除了在毕业生的性别（F=9.947，p=0.002）、职位（F=3.843，p=0.023）两个变量上存在显著性差异外，在参与科研教学情况、年龄、婚姻状况、政治面貌、在校期间身份、学校所属区县、学校所在地、职称、教学方法等人口学变量上都不具有统计学意义上的显著性差异（表11-6）。

表 11-6　沟通合作能力自评指数在人口学变量和工作特征变量中的差异性

自变量	分组	M	n	F	p
性别	男	85.05	38	9.947	0.002
	女	90.91	162		
职位	中层管理人员	80.00	8	3.843	0.023
	普通职工	90.16	189		
	其他	93.33	3		

续表

自变量	分组	M	n	F	p
参与科研教学情况	是	90.39	154	2.107	0.148
	否	87.83	46		
年龄	22 岁	88.36	11	0.720	0.579
	23 岁	89.20	90		
	24 岁	89.97	73		
	25 岁	91.33	24		
	26 岁	100.00	2		
婚姻状况	未婚	89.80	187	0.000	0.987
	已婚	89.85	13		
政治面貌	共青团员	89.69	116	0.187	0.829
	共产党员	90.84	31		
	普通群众	89.43	53		
在校期间身份	学生干部	91.15	89	2.637	0.106
	普通学生	88.72	111		
学校所属区县	彭水	88.30	27	0.254	0.979
	丰都	88.74	27		
	奉节	90.00	34		
	涪陵	96.00	1		
	开州	90.93	30		
	梁平	89.52	29		
	黔江	90.29	21		
	万州	84.00	1		
	云阳	90.67	30		
学校所在地	市区	93.33	3	2.870	0.059
	乡镇	90.77	146		
	村	86.82	51		
职称	初级	89.84	135	0.483	0.618
	高级	100.00	1		
	其他	89.56	64		
教学方法	讲授法	89.38	122	0.789	0.534
	小组讨论法	89.13	46		
	实验法	96.00	1		
	探究法	92.69	29		
	其他	86.00	2		

1. 沟通合作能力自评指数在性别上存在显著性差异

具体考察沟通合作能力自评指数及其四因子在性别上的差异，发现用人单位中不同性别受访者不仅在沟通合作能力自评指数上存在显著性差异（F=9.947，p=0.002），而且在上下级沟通（F=13.419，p=0.000）、平行沟通（F=5.836，p=0.017）、师生沟通（F=14.930，p=0.000）三个因子上也存在显著性差异。

如图 11-5 所示，C 校 2017 届小学教育（全科教师）专业女毕业生对其沟通合作能力的总体评价（90.91 分）明显高于男毕业生（85.05 分）。具体比较该校 2017 届小学教育（全科教师）专业毕业生在沟通合作能力三因子上的自评指数，发现女毕业生对其上下级沟通、平行沟通和师生沟通的自我评价均高于男毕业生，三因子上的自评指数均高于 90 分，而男毕业生的自评指数则未达到 86 分，且二者在上下级沟通和师生沟通上的自评指数差距较大。

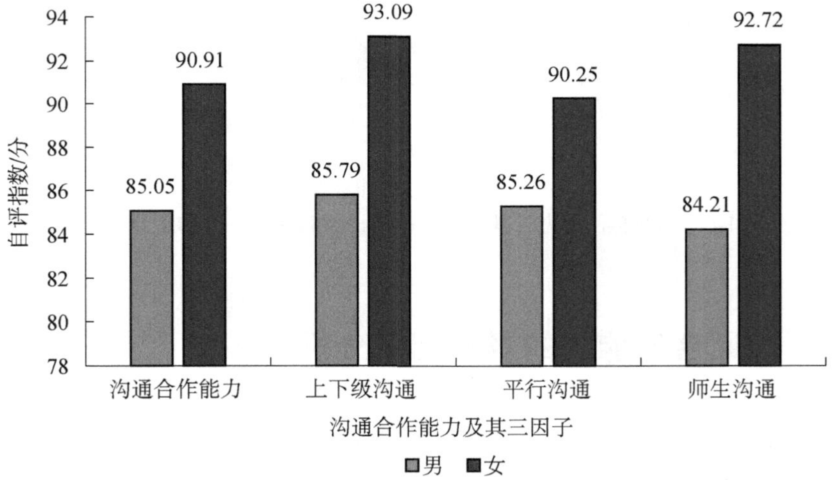

图 11-5 沟通合作能力自评指数及其三因子在毕业生性别上的差异性分析

2. 沟通合作能力自评指数在职位上存在显著性差异

具体考察 C 校 2017 届小学教育（全科教师）专业毕业生的沟通合作能力自评指数及其四因子在职位上的差异，可以发现，处于不同职位的毕业生不仅在沟通合作能力自评指数上存在显著性差异（F=3.843，p=0.023），而且在上下级沟通（F=4.569，p=0.011）、平行沟通（F=3.701，p=0.026）的自评指数上存在显著性差异。

如图 11-6 所示，身为普通职工的该校毕业生对自己的沟通合作能力的评分较高，为 90.16 分；而身为学校中层管理人员的毕业生对自己的沟通合作能力评分略低，为 80.00 分。不同职位毕业生在沟通合作能力自评指数上的这种差异，也表现在上下级沟通和平行沟通两个因子上。在上下级沟通能力的自我评价上，普通职工和中层管理人员之间的自评分数差距为 12.17 分；在平行沟通的自我评价上，普通职工和中层管理人员之间的自评分数差距为 10.93 分。结合表 11-6 所得的方差分析结果可推论出，随着毕业生在单位中职位的提升，其沟通合作能力的自我评价，特别是上下级沟通和平行沟通，反而有所降低。

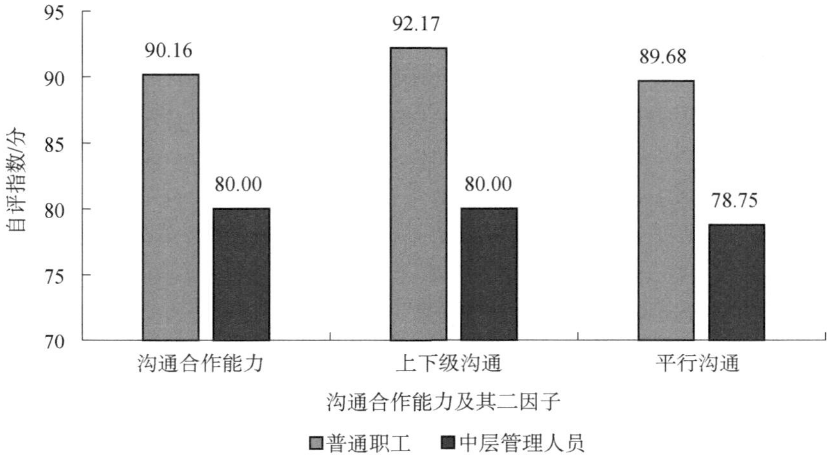

图 11-6　沟通合作能力及其二因子的自评指数在职位上的差异性分析

四、沟通合作能力的影响因素分析

通过相关分析发现，C 校 2017 届小学教育（全科教师）专业毕业生的沟通合作能力自评指数与其对在校期间所学各项知识技能的满意度有不同程度的显著相关。进一步使用 Stata 15.0 统计软件对其进行方差分析和逐步回归分析，结果显示，在校期间所掌握的知识技能对毕业生沟通合作能力影响显著的有教育科研能力（F=31.729，p=0.000）、现代教育技术（F=22.732，p=0.000）、语言表达与沟通能力（F=39.994，p=0.000）、自我反思技能（F=22.103，p=0.000）。整体来看，毕业生对在校期间所学的教育科研能力、现代教育技术、语言表达与沟通能力和自我反思技能的满意程度越高，其沟通合作能力的自评指数也会越高（图 11-7）。

另外，通过相关分析发现，C 校 2017 届小学教育（全科教师）专业毕业生的沟通合作能力自评指数与其对在校期间所参与的各项课内外实训活动的满意度有不同程度的显著相关。进一步使用 Stata 15.0 统计软件对其进行方差分析和逐步回归分析，结果显示，对毕业生沟通合作能力自评指数影响显著的在校活动有课堂实训活动（F=34.777，p=0.000）、提供优秀教师课堂案例视频（F=28.230，p=0.000）。具体来看，该校毕业生对在校期间参与的课堂实训活动和获得的优秀教师课堂案例视频评价越积极，其对自己沟通合作能力的评分也会越高（图 11-8）。

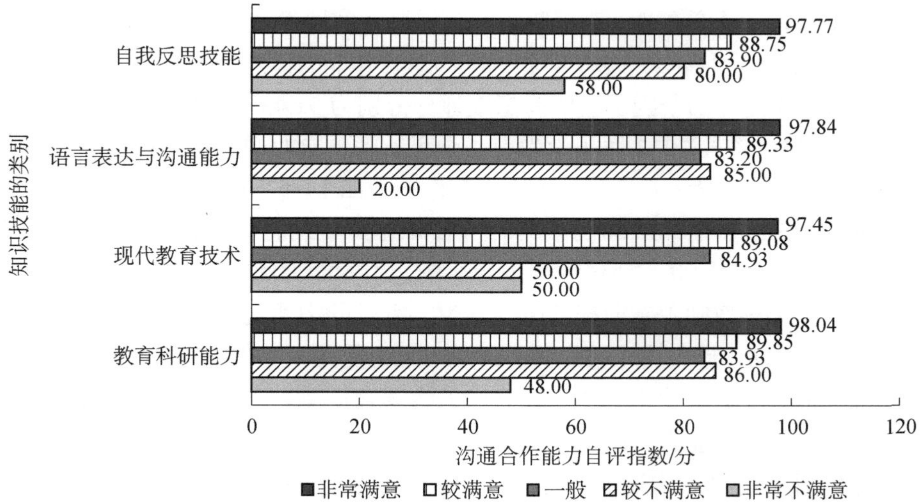

图 11-7　沟通合作能力自评指数与四项知识技能学习的满意度之间的关系

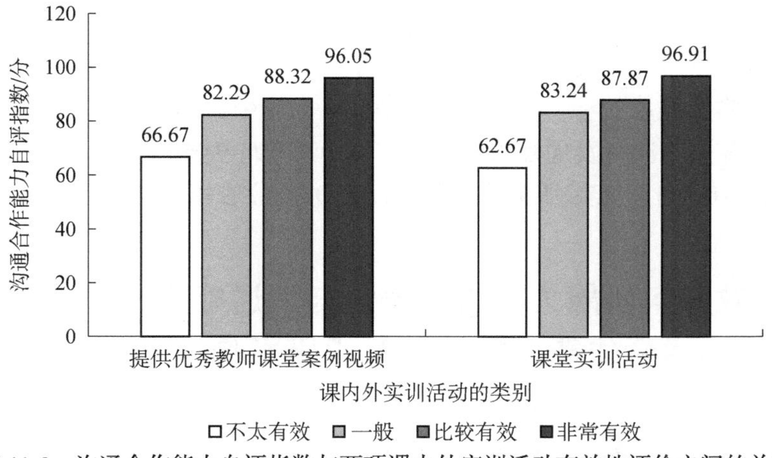

图 11-8　沟通合作能力自评指数与两项课内外实训活动有效性评价之间的关系

第三节　小结与讨论

一、用人单位对毕业生的沟通合作能力总体评价很高

总体来看，用人单位对 C 校四年一贯递进式实践教学校地合作培养模式下的 2017 届小学教育（全科教师）专业毕业生的沟通合作能力满意度较高，评分高达 90.35 分，在沟通合作能力四个因子上的满意度评分分别为 91.45 分、90.07 分、90.96 分、88.86 分。此外，该校 2017 届小学教育（全科教师）专业毕业生对自身的沟通合作能力的评分也较高，为 89.80 分，在沟通合作能力四个因子上的自评分分别为 91.70 分、89.30 分、91.10 分、87.60 分。同时，与其他学校毕业生的能力相比，用人单位对该校 2017 届小学教育（全科教师）专业毕业生的能力优势排名显示，该校 2017 届小学教育（全科教师）专业毕业生与学生、家长的沟通交流能力排名第 7，团队协作能力排名第 8，排名均比较靠前。这说明无论是用人单位对该校 2017 届小学教育（全科教师）专业毕业生工作中表现出的沟通合作能力，还是毕业生对自己工作中表现出的沟通合作能力，都比较满意。

与此同时，通过对沟通合作能力四个因子的描述性分析可以发现，不论是用人单位还是该校 2017 届小学教育（全科教师）专业毕业生自己，都对家校沟通因子的评分相对较低。这表明虽然该校 2017 届小学教育（全科教师）专业毕业生的沟通合作能力较强，但仍可从家校沟通能力入手进一步提高沟通合作能力。进一步分析，我们发现，家校沟通能力可能与学生在校期间的社团与校园文化活动、社会工作、实践服务的参与度有关，在毕业生问卷中，具体考察了这三项活动与家校沟通的相关情况，发现社团与校园文化活动（F=9.068，p=0.000）、社会工作（F=7.182，p=0.000）、实践服务（F=5.096，p=0.000）在家庭沟通上均呈显著相关。

二、教育科研能力、语言表达与沟通能力、自我反思技能对毕业生沟通合作能力的培养有积极影响

通过对沟通合作能力自评指数的相关性分析，发现在校期间所掌握的教育科研能力、语言表达与沟通能力和自我反思技能对 C 校 2017 届小学教育（全科教师）

专业毕业生的沟通合作能力影响较大。

然而，如图 11-9 所示，C 校 2017 届小学教育（全科教师）专业毕业生对自身教育科研能力、语言表达与沟通能力、自我反思技能的评分别为 78.50 分、79.90 分、80.50 分，均低于 85 分，这说明毕业生的教育科研能力、语言表达与沟通能力、自我反思技能还应进一步提升。

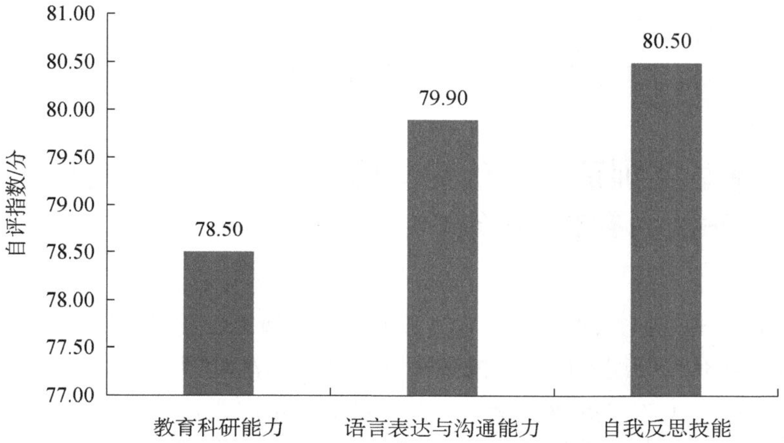

图 11-9　教育科研能力、语言表达与沟通能力及自我反思技能掌握情况的均值分析

深入访谈 C 校小学教育（全科教师）专业毕业生发现，该校毕业生的教育科研能力和自我反思技能更多是通过其在校期间参加教育教学科研活动习得的。在这一过程中，毕业生往往是以小组为单位，在专业教师的指导下，通过讨论分享、分工协作等方式进行教育教学类问题的探究。因此，该校应为学生提供更多的类似活动，以进一步提升学生的语言表达与沟通能力。

三、过度使用现代教育技术对毕业生沟通合作能力的培养有消极影响

通过沟通合作能力自评指数的相关性分析，发现过度使用现代教育技术对提升 C 校 2017 届小学教育（全科教师）专业毕业生的沟通合作能力有消极影响，表现为现代教育技术运用得越频繁，该校毕业生的沟通合作能力越弱。

作为“互联网+”时代教育教学的重要工具，以多媒体为代表的现代教育技术

将传统的讲授式课堂教学变得图文并茂、声像俱佳、动静皆宜，深受教师和学生的欢迎。但是，本次调查发现，现代教学技术是一把双刃剑，它在提升教学质量的同时，也不可避免地产生了一些消极影响。例如，教师过多地使用多媒体，会大大减少与学生之间的语言沟通、情感互动。在访谈时，C 校毕业生也表示，现代教育技术给教学带来的生动、炫丽的知识呈现常常让他们着迷，于是在在校期间的教育教学实训活动中，他们往往更倾向于锻炼自己对现代教育技术的掌握能力，而较少思考如何进行师生互动，促进生生互动，忽略了教育教学活动中的沟通合作能力。因此，现代教学技术在教学中的使用应坚持适度原则。

四、课堂实训活动、优秀教师课堂案例视频对提升毕业生的沟通合作能力有积极影响

由上文可知，C 校 2017 届小学教育（全科教师）专业毕业生的沟通合作能力自评指数与其对在校期间所参与的各项课内外实训活动的满意度有不同程度的显著正相关。进一步的逐步回归分析发现，对毕业生沟通合作能力自评指数影响较大的在校活动有课堂实训活动、提供优秀教师课堂案例视频。通过个别访谈发现，C 校小学教育（全科教师）专业毕业生在校期间参与的课堂实训活动往往以小组为单位，在任务导向下通过小组讨论、合作探究、分组对抗等形式开展，从而锻炼他们的教育知识与教学技能。另外，该校在为学生提供优秀教师课堂案例视频的同时，也会同步要求学生围绕案例进行生生交流、师生讨论，进而挖掘并习得案例中优秀教师的优良品质。因此，在上述诸多教学安排下，小学教育（全科教师）专业学生必然可以在知识习得、能力训练的同时，有机会在教育教学活动中与他人（包括同学、教师等）进行沟通交流，合作完成相应的学习任务，并提升自身的沟通合作能力。

第四节　改进措施与建议

通过以上数据分析发现，C 校四年一贯递进式实践教学校地合作培养模式下的 2017 届小学教育（全科教师）专业毕业生在沟通合作能力上达到了该校的

毕业要求，且在师生沟通、家校沟通和平行沟通中展现出较强的沟通合作能力。如果该校想进一步提升小学教育（全科教师）专业学生的沟通合作能力，还可以从以下几个方面入手。

一、深化教育科研能力相关课程，建立科学的沟通合作能力评价指标体系

问卷调查结果显示，在校期间所掌握的教育科研能力对C校2017届小学教育（全科教师）专业毕业生的沟通合作能力具有积极影响。因此，高等师范院校可以通过深化教育科研能力的相关课程，来达到促进毕业生沟通合作能力提升的目的。首先，高等师范院校可以适当增加小学教育科研方法等教育科研能力相关课程的课时量，并积极开展基础教育教学相关的科研活动；其次，在课堂上，教师可以多采用小组合作的方式，锻炼学生的团队协作能力、语言表达能力；最后，任课教师还可以采用多种方式进行课堂提问，以培养学生在教育实践中发现、研究问题的专业能力，进而提升学生的沟通合作能力。

此外，鉴于沟通合作能力是教师素养的重要组成部分，高等师范院校有必要在师范生培养中构建一套科学、完整的沟通合作能力评价体系，以推动师范生教育教学的深入改革。该评价体系须强调三大特点：针对性、全面性、实操性。针对性指的是该体系需针对小学全科教师这个群体的特点及教育教学工作特点，能够体现出实际小学教育教学工作内容和需求。全面性既指该评价体系的内容能涵盖沟通能力的各方面和要素，如心理素质、倾听能力、思维水平、态势语表达、口语表达等，还应考虑到实际教育教学活动中不同对象、不同场合、不同方式，形成多元评价主体。实操性指的是该评价体系能够实实在在地用于测量和评价学生的沟通合作能力水平，具有切实可行的测评方案，兼顾过程性评价与终结性评价、定性分析与定量分析，从而更全面、客观、完整地了解四年一贯递进式实践教学校地合作培养模式在小学教育（全科教师）专业师范生沟通合作能力方面的成效。

二、合理定位现代教育技术，不过分依赖

现代教育技术课程主要是培养师范生的学科信息素养，使其掌握课件和微课

制作、常用线上教学软件使用方法和常用教学教务线上办公平台操作方法等现代信息化技术，并以此改进课堂教学质量，优化日常教育教学管理工作。实质上，现代教育技术在教育教学工作中更多起的是辅助作用，而非处于主导地位。因此，如果师范生过度依赖现代教育技术，而忽略教育教学过程中的人际沟通，则必然会削弱自身的沟通合作能力。

因此，高等师范院校在开设现代教育技术相关课程时，任课教师应合理定位现代教育技术的教学地位，注重培养和提高师范生的信息素养，引导师范生利用现代教育技术去解决教育教学问题，强调现代教育技术的辅助作用，时刻提醒学生不能走形式主义，应以教育教学内容性质为中心选择最适宜的信息化技术方法，注重教师教学行为与这些信息化技术之间的有机结合，合理、创新地应用它，进而提升课堂师生交流、课外家校沟通和校外教研交流的沟通质量。

三、提供优秀教师课堂案例视频，增加课堂实训活动

问卷调查结果显示，课堂实训活动、提供优秀教师课堂案例视频对毕业生的沟通合作能力有正面影响。因此，在授课方式上，教师一方面可以尽量以小学课堂实录案例为主，给学生提供优秀教师课堂案例视频，引导学生进行师生交流和生生交流，进而在课堂互动的过程中增强学生的沟通合作意识；另一方面，可以适当增加课堂实训活动，设计若干小组合作探究的学习任务，促进理论与实践相结合的同时，也给学生搭建一个锻炼沟通交流合作能力的平台，让学生充分积累教育教学工作中人际沟通的经验，改善沟通技巧。

四、鼓励学生积极参加社团活动，重视实践教学中的沟通能力指导与训练

首先，高等院校可采用提供场地、配备专业指导老师、提供一定的社团经费等方式，鼓励具备专业特长、有共同爱好的学生组建形式多样的学生社团，丰富社团类型；其次，学校可安排专业老师担任社团的指导老师，优化学生社团的活动内容和活动形式，提升活动的专业性；最后，学校可鼓励社团举办有质量的比赛活动，通过比赛锻炼学生的实践能力，提升学生的沟通合作能力。

学校与地方建立统一机制，为学生提供实践教学的机会，包括研学、见习、实习等。实践教学实行“双导师制”，即学生既要按照高等师范院校专业教师的学习任务要求，又要在一线小学优秀教师的指导下，运用恰当的教育教学语言指导小学生的学习生活，从而获得职业语言运用能力。在实际工作中，通过学习、模仿小学优秀教师规范、准确、得体、生动的语言表达，来培养自己良好的职业沟通能力。

附录 1　2017 届小学教育（全科教师）专业毕业生用人单位满意度调查问卷

尊敬的老师：

您好！

我校主持的这次调查，目的是了解我校 2017 届小学教育（全科教师）专业毕业生的工作状况，及时掌握我校人才培养的实际效果，以便总结我校在人才培养上的经验与不足，更好地推进师范生培养工作。本问卷任何问题的答案都没有对错之分，请您根据自己的实际想法和所了解的实际情况回答。所涉及的个人信息，我们将予以保密。感谢您对我们调查的大力支持！

C 校教师教育学院

2018 年 7 月

首先，我们来谈谈您个人及单位的基本情况

A1. 您的性别________________

（1）男　（2）女

A2. 您的年龄____________周岁

A3. 您的政治面貌是________________

（1）共青团员　（2）共产党员　（3）民主党派　（4）普通群众

A4. 您的最高学历（包括同等学历和成人教育）是__________

（1）初中　（2）高中、技校、职高、中专　（3）大专　（4）大学

（5）硕士　（6）博士　（7）其他（请说明）

A5. 您目前的技术职称是________________

（1）高级　（2）中级　（3）初级　（4）其他（请说明）

A6. 您在单位是________________

（1）领导　　　（2）中层管理人员

（3）普通职工　（4）其他（请说明）

A7. 您是被调查毕业生的________________

（1）下属　（2）平级同事　（3）顶头上司（直接主管或领导）

（4）越级上司（顶头上司的上司）　（5）其他（请说明）

A8. 您在本单位工作________________年

A9. 您目前工作单位的在职教职员工共有________________人

A10. 您目前任职学校位于________________区/县

A11. 您目前任职学校在：________________

（1）市区　（2）乡镇　（3）村

其次，我们来谈谈我校毕业生目前的工作状况

B1. 您对我校2017届小学教育（全科教师）专业毕业生的工作素质和能力的满意度如何？（请在您选中的项目等级编号上打“√”）

项目	非常不满意	较不满意	一般	较满意	非常满意
1. 工作的敬业和进取精神	1	2	3	4	5
2. 教师职业道德操守	1	2	3	4	5
3. 严于律己，为人师表	1	2	3	4	5
4. 遵守单位的劳动纪律	1	2	3	4	5
5. 对教师职业认可	1	2	3	4	5
6. 对学生富有爱心、责任心	1	2	3	4	5
7. 工作耐心、细心	1	2	3	4	5
8. 尊重学生的个体差异	1	2	3	4	5
9. 营造良好的学生成长环境	1	2	3	4	5
10. 学科专业知识（如语数外等学科知识）	1	2	3	4	5
11. 学科专业技能（如唱歌、绘画、跳舞等技能）	1	2	3	4	5
12. 教育理论知识（如教育学、心理学等基础知识）	1	2	3	4	5
13. 学科教学知识（如教学设计、教学法等）	1	2	3	4	5
14. 通识性知识（如自然科学和人文社会科学的基本常识）	1	2	3	4	5
15. 教学研究和创新能力	1	2	3	4	5
16. 信息技术辅助教学的能力	1	2	3	4	5
17. 分析教材的能力	1	2	3	4	5
18. 把握学生学情的能力	1	2	3	4	5
19. 独立备课和上课的能力	1	2	3	4	5

续表

项目	非常不满意	较不满意	一般	较满意	非常满意
20. 教学设计的能力	1	2	3	4	5
21. 学生课业测量与评价的能力	1	2	3	4	5
22. 学科整合的能力（如语文课中融合音乐和美术知识）	1	2	3	4	5
23. 班集体建设与管理	1	2	3	4	5
24. 班风、学风建设与管理	1	2	3	4	5
25. 担任或协助班主任工作	1	2	3	4	5
26. 少先队与共青团的建设与管理	1	2	3	4	5
27. 学生德育与心理健康辅导技能	1	2	3	4	5
28. 校园文化活动和社团活动的策划与组织	1	2	3	4	5
29. 学科类和思政类课程教育中的德育渗透	1	2	3	4	5
30. 教学反思方法与技能	1	2	3	4	5
31. 基础教育课程改革动向的把握	1	2	3	4	5
32. 教师职业学习的发展与规划	1	2	3	4	5
33. 与家长进行沟通交流	1	2	3	4	5
34. 参与教研和科研活动	1	2	3	4	5
35. 与同事进行沟通交流	1	2	3	4	5
36. 同事之间相处融洽	1	2	3	4	5
37. 服从上级领导安排，配合工作	1	2	3	4	5
38. 与学生进行沟通与互动	1	2	3	4	5
39. 师生之间相处融洽	1	2	3	4	5

B2. 与其他学校学生相比，您认为我校 2017 届小学教育（全科教师）专业毕业生在教育教学工作中哪些方面具有优势（可多选）＿＿＿＿＿＿＿＿

（1）教师职业道德规范

（2）对教师职业的认同度

（3）学科专业知识

（4）教学基本技能

（5）教学研究能力

（6）信息技术辅助教学能力

（7）对学生身心发展和养成教育规律的把握

（8）班集体建设与管理

（9）少先队与共青团的建设与管理

（10）学生德育与心理健康辅导技能

（11）校园文化活动和社团活动的策划与组织
（12）教学反思方法与技能
（13）基础教育课程改革动向的把握
（14）教师职业学习的发展与规划
（15）团队协作能力
（16）与学生、家长的沟通交流能力
（17）其他（请说明）____________________

B3. 您对录用的我校 2017 届小学教育（全科教师）专业毕业生的综合评价为____________________

（1）非常满意 （2）满意 （3）一般 （4）不满意 （5）非常不满意

B4. 您认为对小学教师工作的评价标准应包括（可多选）______________

（1）所带班级成绩有进步，排名靠前
（2）知识底蕴深，教学技能强，教学做到深入浅出
（3）考虑学生的特点、兴趣及爱好，有助于学生的成长
（4）具备个人的教育思想、教育理念、教学特色
（5）实事求是，不追求形式上的创新，而注重教育理念的践行
（6）及时反思教学，对教学有深层次的思考
（7）其他（请说明）____________________

B5. 贵校招聘小学教师最看重应聘者哪些方面的能力和素质？

____

____

B6. 针对我校 2017 届小学教育（全科教师）专业毕业生工作中的实际表现，您认为还有哪些欠缺和不足？

____

____

附录2　2017届小学教育（全科教师）专业毕业生职业素养自评问卷

尊敬的校友：

　　您好！

　　为进一步改进我校小学教育（全科教师）专业的人才培养方案，我们特组织此次关于我校2017届小学教育（全科教师）专业毕业生的跟踪调查。希望您在百忙之中抽出时间，根据在校学习及毕业后的实际体会和感受，认真完成这份问卷。所填数据仅作为研究使用，所涉及的个人信息，我们将予以保密。感谢您对母校建设与发展的关心和支持！您的进步就是母校的荣耀！

C校教师教育学院

2018年7月

　　首先，我们来谈谈您的个人及单位信息

A1. 您的性别________________

（1）男　（2）女

A2. 目前您的年龄是________________周岁

A3. 目前您的婚姻状况是________________

（1）未婚　（2）已婚　（3）离婚后再婚　（4）离婚　（5）丧偶

A4. 您的政治面貌是________________

（1）共青团员　（2）共产党员　（3）民主党派　（4）普通群众

A5. 您在校期间的身份是________________

（1）学生干部（包括社团干部）　（2）普通学生

A6. 您现在居住的房子是________________

（1）自有房　（2）租赁房　（3）宿舍　（4）其他（请说明）

A7. 您目前平均每月的工资为______________

（1）2000 元及以下　（2）2001—2500 元　（3）2501—3000 元

（4）3001—3500 元　（5）3501—4000 元　（6）4001—4500 元

（7）4501—5000 元　（8）5001 元及以上

A8. 您目前任职学校在______________区/县

A9. 您目前任职学校所在地是______________

（1）市区　（2）乡镇　（3）村

A10. 您在任职学校是______________

（1）学校领导　（2）中层管理人员　（3）普通职工

（4）其他（请说明）

A11. 您目前的职称是______________

（1）初级　（2）中级　（3）高级　（4）其他（请说明）

A12. 您认为在教学设计时最重要的是______________

（1）完成教学内容　（2）明确并完成教学目标

（3）使学生在原有基础上得到提升　（4）把握好教学重点

（5）克服教学中的难点　（6）选择合适学生的教学策略

A13. 您在课堂教学中使用最多的教学方法是______________

（1）讲授法　（2）小组讨论法　（3）实验法　（4）探究法

（5）其他（请说明）

A14. 您是否参加过科研教学活动______________

（1）是　（2）否

A15. 若上题您选择“否”，您认为主要原因是（可多选）______________

（1）没有发现可做研究的问题　（2）不懂研究方法

（3）工作负担过重　（4）教师不需要做研究

（5）其他（请说明）

其次，我们谈谈毕业一年后您的工作感受

B1. 下列各种说法，多大程度上符合您在单位中的实际情况？（请在您对应的项目等级上打“√”）

项目	完全不符合	较不符合	不确定	较符合	完全符合
1. 我工作敬业，有进取心	1	2	3	4	5
2. 我能遵守教师职业道德规范	1	2	3	4	5
3. 我能做到严于律己，为人师表	1	2	3	4	5

续表

项目	完全不符合	较不符合	不确定	较符合	完全符合
4. 我能遵守单位的劳动纪律	1	2	3	4	5
5. 我热爱我的职业	1	2	3	4	5
6. 我对学生富有爱心、责任心	1	2	3	4	5
7. 我工作细心	1	2	3	4	5
8. 我对待学生有耐心	1	2	3	4	5
9. 我能根据学生的个体差异，因材施教	1	2	3	4	5
10. 我乐于为学生成长创造发展的条件和机会	1	2	3	4	5
11. 我有系统的学科专业知识（如语数外等学科知识）	1	2	3	4	5
12. 我有扎实的学科专业技能（如唱歌、绘画、跳舞等技能）	1	2	3	4	5
13. 我能运用教育理论知识分析和解决教育教学中的问题	1	2	3	4	5
14. 我能根据不同学科设计教学方案，开展教学活动	1	2	3	4	5
15. 我能在教学中有效融合不同学科的知识	1	2	3	4	5
16. 我了解学生身心发展的特点及一般规律	1	2	3	4	5
17. 我能将现代信息技术运用在教学中	1	2	3	4	5
18. 我能够独立进行课程研发和创新	1	2	3	4	5
19. 我能针对不同的课程进行教学设计	1	2	3	4	5
20. 我能根据教学设计圆满完成教学任务	1	2	3	4	5
21. 我能根据教学目标独立设计相应的教育测量方案	1	2	3	4	5
22. 我能根据学生的考试成绩与平时表现，对学生的学业情况进行准确评价	1	2	3	4	5
23. 我能依据课标分析教材，准确提取教学重难点知识	1	2	3	4	5
24. 我能胜任或协助班主任工作	1	2	3	4	5
25. 我能营造良好的班风、学风	1	2	3	4	5
26. 我能独立组织班级日常工作	1	2	3	4	5
27. 我能组织与指导班级主题活动	1	2	3	4	5
28. 我能对学生进行德育和心理辅导	1	2	3	4	5
29. 我能组织与策划主题德育活动和社团活动	1	2	3	4	5
30. 我能通过学科类和思政类课程教学进行德育渗透	1	2	3	4	5

续表

项目	完全不符合	较不符合	不确定	较符合	完全符合
31. 我能独立承担或协助少先队与共青团的建设与管理工作	1	2	3	4	5
32. 我能对学生进行德育和心理辅导	1	2	3	4	5
33. 我能将学校所在地文化融入教育教学中	1	2	3	4	5
34. 我注重培养学生养成良好的生活习惯	1	2	3	4	5
35. 我重视利用乡土文化培养学生热爱家乡的情感	1	2	3	4	5
36. 我能通过反思笔记和课堂观察进行教学反思	1	2	3	4	5
37. 我了解我国基础教育课程改革的前沿动态	1	2	3	4	5
38. 我能听取多方面意见，改进自己的工作	1	2	3	4	5
39. 我能理性分析自我，制订提升自己专业能力的学习与发展计划	1	2	3	4	5
40. 我能与家长进行良好的沟通与互动	1	2	3	4	5
41. 我与学生相处融洽	1	2	3	4	5
42. 我积极主动参与小组学习、专题研讨等教研活动	1	2	3	4	5
43. 我乐于与同事分享交流实践经验，共同探讨并解决问题	1	2	3	4	5
44. 我服从上级领导安排，配合工作	1	2	3	4	5

再次，我们来回顾一下您在校期间的学习感受

C1. 以下是教师工作所需的知识与技能，您对大学期间通过学校学习所能掌握的程度是否满意？（请在您选中的项目等级上打“√”）

项目	非常不满意	较不满意	一般	较满意	非常满意
1. 教育法规和政策	1	2	3	4	5
2. 新课标与基础教育改革新动向	1	2	3	4	5
3. 学科专业知识（如语数外等学科知识）	1	2	3	4	5
4. 学科专业技能（如唱歌、绘画、跳舞等技能）	1	2	3	4	5
5. 教育理论知识（如教育学、心理学等基础知识）	1	2	3	4	5
6. 学科教学知识（如教学设计、教学法等）	1	2	3	4	5
7. 通识性知识（如自然科学和人文社会科学的基本常识）	1	2	3	4	5
8. 小学生身心发展和认知特点	1	2	3	4	5

续表

项目	非常不满意	较不满意	一般	较满意	非常满意
9. 教材教法分析	1	2	3	4	5
10. 教学设计技能	1	2	3	4	5
11. 班级管理技能	1	2	3	4	5
12. 语言表达与沟通能力	1	2	3	4	5
13. 现代教育技术	1	2	3	4	5
14. 归纳总结技能	1	2	3	4	5
15. 自我反思技能	1	2	3	4	5
16. 教育科研能力	1	2	3	4	5
17. 独立备课和上课的能力	1	2	3	4	5
18. 学生课业测量与评价的能力	1	2	3	4	5
19. 学科整合的能力（如语文课中融合音乐和美术知识）	1	2	3	4	5

C2. 您认为以下在校期间的学习与实践活动，对您的实际教学工作是否有效（请在您选中的项目等级上打“√”）

项目	完全无效	不太有效	一般	比较有效	非常有效
1. 学科基础知识课程（如语数外、美术、舞蹈、声乐等）	1	2	3	4	5
2. 专业基础知识课程（如心理学、教育学、班队管理等）	1	2	3	4	5
3. 技术基础知识课程（如普通话、书法、儿童艺术表演等）	1	2	3	4	5
4. 通识能力课程（如计算机、英语等）	1	2	3	4	5
5. 专业核心能力课程（如课程与教学、教师技能综合训练、教育测量与评价等）	1	2	3	4	5
6. 专业综合能力课程（如西方教育经典、微课设计、教师仪态与表达等）	1	2	3	4	5
7. 课堂实训活动	1	2	3	4	5
8. 提供优秀教师课堂案例视频	1	2	3	4	5
9. 微格教学	1	2	3	4	5
10. 见习、助教、试做、顶岗的专业实习活动	1	2	3	4	5
11. 学生社团与校园文化活动	1	2	3	4	5
12. 课外阅读活动	1	2	3	4	5
13. 社会工作	1	2	3	4	5
14. 实践服务（如志愿服务、青年志愿者服务、共青团“市民学校”、家教实践）	1	2	3	4	5
15. 技能认证活动（如考取专业证书或技能培训结业证书等）	1	2	3	4	5

续表

项目	完全无效	不太有效	一般	比较有效	非常有效
16. 特色工作室	1	2	3	4	5
17. 学生创新创业与科研活动	1	2	3	4	5
18. 小课题与毕业论文研究	1	2	3	4	5
19. 通识能力课外实践（如演讲比赛、征文比赛、辩论赛）	1	2	3	4	5
20. 学科能力课外实践（如语文知识竞赛、数学建模、合唱、运动会）	1	2	3	4	5
21. 专业能力课外实践（如说课比赛、班队活动主题比赛）	1	2	3	4	5

最后，我们来谈谈您目前对自己工作的评价

D1. 目前，您的专业技能是否适应基础教育工作的要求____________

（1）完全不能适应　（2）不能适应　（3）基本适应　（4）一般

（5）非常适应

D2. 若前一题选择“完全不能适应”“不能适应”，请阐述您不适应的主要原因

____

____

D3. 您现在需要提高的知识或能力是（可多选）____________

（1）教学技能　（2）专业知识　（3）科研能力　（4）学历层次

（5）实验技能　（6）创新能力　（7）语言沟通能力

（8）教育教学管理能力

D4. 对于C校小学教育（全科教师）专业师范生的培养，您有什么建议？（可就课程设置、授课方式等方面提出意见）

____

____